Bretagne

Von Frank Maier-Solgk

Inhalt

Auftakt:
Vom Meer umschlossen   6

**Geschichte, Kunst, Kultur
im Überblick**   12

Sehenswürdigkeiten

Département Ille-et-Vilaine – Land der Festungsstädte   18

- **1** **Vitré 18**
  Château des Rochers-Sévigné 20
- **2** **Rennes 21**
- **3** **Fougères 23**
- **4** **Combourg 26**
- **5** **Dol-de-Bretagne 26**
  Menhir de Champ-Dolent 28
  Mont-Dol 28
- **6** **Mont St-Michel 29**
- **7** **St-Malo 32**

Im Osten von Côtes-d'Armor – zur romantischen Smaragdküste   36

- **8** **Château de Caradeuc 36**
- **9** **Dinan 36**
- **10** **Dinard 40**
  St-Lunaire, St-Briac,
  St-Cast-le-Guildo 42
- **11** **Cap Fréhel, Erquy und le Val-André 43**
- **12** **Lamballe 45**
- **13** **Moncontour 46**
  Notre-Dame-du-Haut 46
  Bel Air 46

Romantisches Kleinod: Altstadt und mittelalterliche Wehrburg von Fougères

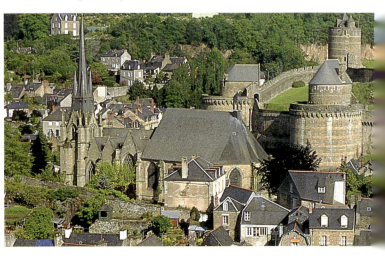

Inhalt

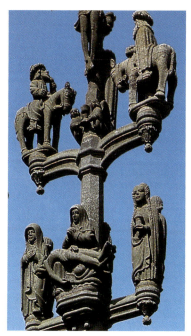

*Steinmetzkunst der Spitzenklasse:
der Kalvarienberg von Plougastel-Daoulas*

Im Westen von Côtes-d'Armor – zu den Felsen des rosa Granit 47

- 14 Guingamp 47
- 15 Kermaria-an-Iskuit 48
- 16 Abbaye de Beauport 48
- 17 Tréguier 49
- 18 St-Gonéry 52
- 19 Côte de Granit Rose 53
- 20 Chapelle de Kerfons 54

Die umfriedeten Pfarrbezirke und Morlaix – Stein gewordene Manifestation des Glaubens 55

- 21 Morlaix 55
- 22 St-Thégonnec 58
- 23 Guimiliau 59
- 24 Lampaul-Guimiliau 61
- 25 Commana 61
- 26 Sizun 61
- 27 Bodilis 62
- 28 La Roche-Maurice 62
- 29 Pencran 64
- 30 La Martyre 64
- 31 Ploudiry 64

Nordwestliches Finistère – Land der Kirch- und Leuchttürme 65

- 32 St-Pol-de-Léon 65
- 33 Roscoff 66
- 34 Le Folgoët 68
    Château Kerjean 69
- 35 Brest 69
    Plougastel-Daoulas 72
- 36 Côte des Abers 72
- 37 Île d'Ouessant 73
- 38 Daoulas 74
- 39 Presqu'île de Crozon 74
- 40 Ménez Hom 78
- 41 Pleyben 78

Südwestliches Finistère – Land der Spitzenhauben und steilen Kaps 79

- 42 Quimper 79
    Vallée de l'Odet 82
- 43 Locronan 83
- 44 Douarnenez 85
- 45 Pont-Croix 87
- 46 Audierne, Pointe du Raz, Pointe du Van und Cap Sizun 87
- 47 Notre-Dame-de-Tronoën 89
- 48 Pont-l'Abbé 90
    Loctudy 91

Verlockende Köstlichkeiten frisch aus dem Meer auf dem Markt in Rennes

3

Inhalt

Ungetrübtes Badeglück an den ausgedehnten Sandstränden von Dinard

Südküste – geheimnisvolle Steinreihen und Gräber unserer Vorfahren 92

- 49 Concarneau 92
- 50 Pont-Aven 94
  Quimperlé 96
- 51 Carnac 96
- 52 Presqu'île de Quiberon und Belle-Île 98
- 53 Locmariaquer 100
- 54 Vannes 101
  Île Gavrinis 105
- 55 Château de Suscinio 106

Argoat – das Landesinnere: auf den Spuren der Mythen und Legenden 107

- 56 Monts d'Arrée 107
- 57 Huelgoat 107
  St-Herbot 108
- 58 Le Faouët 108
- 59 Kernascléden 110
- 60 Josselin 111
- 61 Forêt de Paimpont 115

Département Loire-Atlantique – Sümpfe, Salz und Metropole 116

- 62 Grande Brière 116
- 63 Guérande 116
  Saillé 117
- 64 La Baule 117
- 65 Nantes 118

Karten und Pläne

Bretagne vordere Umschlagklappe
Rennes 22
St-Malo 32
Dinan 37
Brest 70
Quimper 80
Vannes 102
Nantes 120

Register 141

Bildnachweis 143

Impressum 144

Naturerlebnis von herber Schönheit: das Cap Fréhel an der Smaragdküste

Inhalt

Dies und Das

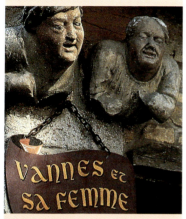

Fantasievolle Zier: zwei Granitköpfe am Giebel eines alten Hauses in Vannes

François René de Chateaubriand 27
Die Bucht des Mont St-Michel:
  Salzlämmer, Muschel- und
  Austernzucht 29
Die Kraft der Gezeiten 35
Ungeliebter bretonischer Held –
  Bertrand du Guesclin 39
Tréguier und der hl. Yves 52
Enclos Paroissiaux 57
Ein keltisches Spektakel 82
Wallfahrt auf bretonisch 85
Astronomie, Totenkult oder
  versteinerte Soldaten? 98
Reizvolles Binnenmeer – der Golfe
  du Morbihan 105
König Artus und die Ritter
  der Tafelrunde 114
Austern, Cidre und Galettes –
  Gaumenschmaus
  auf bretonisch 128
Brezhoneg – keltische
  Sprachklänge 133

Bretagne aktuell A bis Z

Seelust – zahlreiche Inseln laden in der Bretagne ein zu Schiffsausflügen

Vor Reiseantritt 125
Allgemeine Informationen 125
Anreise 126
Bank, Post, Telefon 127
Einkaufen 128
Essen und Trinken 128
Feste und Feiern 130
Klima und Reisezeit 132
Kultur live 132
Nachtleben 133
Sport 134
Statistik 134
Unterkunft 135
Verkehrsmittel im Land 136

Sprachführer 137

Vom Meer umschlossen

Kaum ein Gebiet Europas ist an seiner Küste dramatischer vom Meer gezeichnet und zugleich im Landesinneren friedlicher als die Bretagne, deren Binnenland von Hecken und Wiesen, verschlafenen Dörfern und einsamen Kapellen, eleganten Spitzgiebeln und hohen Kirchtürmen geprägt ist. **Armor** und **Argoat** sind die alten keltischen Namen für das Land am Meer und das (einstige) Land des Waldes, heute das Landesinnere, die beiden natürlichen Gegensätze dieser immer noch urwüchsigen und auf ihre Eigenart bedachten Region. Schon Paul Gauguin war Ende des 19. Jh. auf der Suche nach der Einfachheit und Ausdrucksstärke eines nur mit natürlichen Elementen konfrontierten Lebens und viele Reisende sind auch heute aus ähnlichen Gründen unterwegs nach Finistère, ans Ende der Welt. Weit nach Westen in den Atlantik hinaus ragt die Halbinsel **Armorika** (keltischer Name für die Bretagne), als ob sie ihre Zugehörigkeit zur Welt rationaler Ordnung hinter sich lassen wollte. Es ist die wilde, elementare Seite, deretwegen das **Finistère**, das westlichste Département mit seiner zerklüfteten Felsküste bereist wird. Dort sind die Ursprünglichkeit der Natur und die Eigenart bretonischer Kultur und Kunst am stärksten erhalten. Wind und Meer haben eine faszinierende Szenerie schaurig-schöner Küstenromantik geschaffen.

Dass die Bretagne nach der Provence/Côte d'Azur die meistbesuchte Region Frankreichs ist, verdankt sie wohl in erster Linie der insgesamt 2500 km langen, in ihrer Vielfalt einmaligen Küste. **Côte d'Émeraude** (Smaragdküste), **Côte de Granit Rose** (Rosafarbene Granitküste) und **Côte des Légendes** (Küste der Legenden) lauten die viel versprechenden Namen der *Kanalküste* im Norden. Sie bietet wie die dem Atlantik zugewandte Westküste sämtliche Facetten einer stimmungsvollen Küstenlandschaft: felsige Steilküsten, enge, feinsandige Buchten und bizarre Felsenmeere. Der *Süden* der Halbinsel präsentiert sich flacher, in jeder Hinsicht milder und lockt mit seinen langen Sandstränden vor allem die Badeurlauber an. Überall aber vollzieht sich die Durchdringung von Land und Meer in

Oben: *Bretonische Trachtenzier: Kinder im traditionellen Festtagsgewand*

Oben Mitte: *Schon auf den ersten Blick erkennt man, dass diese steinerne Schöne aus dem Bigoudenland kommt*

Oben rechts: *Sommerliches Badevergnügen: der belebte Sandstrand von St-Lunaire im fröhlichen Streifen-Look*

Unten: *Wo Stürme dramatische Naturschauspiele inszenieren – Pointe de Pen-Hir am westlichen Ende der Halbinsel Crozon*

Auftakt

den zahlreichen fjordartigen Buchten, den **Abers**, die weit ins Landesinnere reichen und wie in **Dinan**, **Morlaix** und **Vannes** malerische Binnenhäfen geschaffen haben, deren Kais bis fast an den Marktplatz reichen.

Versteinerte Geschichte

An der Südküste finden sich die meisten Zeugnisse der mehr als 6000 Jahre alten **Megalithkultur**: die wie Leuchttürme

in der Landschaft stehenden Großsteine (*Menhire*) sowie jene Steinreihen (*Alignements*) und Halbkreise (*Cromlechs*), deren Geheimnis immer noch nicht ganz gelüftet ist. Bemerkenswert sind auch die **Gräber**. Oft ist ihr innerer Kern, der Dolmen, freigelegt, oft noch mit Erde oder Bruchsteinen bedeckt.

Bretonische Frömmigkeit und Kirchenkunst

Setzte man sich mit dem Tod schon vor mehreren Tausend Jahren durch einen aufwendigen Gräberkult auseinander, so fand diese eigentümliche Faszination auch in späteren Epochen bretonischer **Kunst** ihre Fortsetzung. Im 16. und 17. Jh. wurde in den umfriedeten Pfarrbezirken, **Enclos Paroissiaux**, dem Memento-Mori-Gedanken nun in christlicher Form steinerner Ausdruck verliehen. Schon zuvor hatte man Heidnisches mit Christlichem verbunden und den Menhiren, jenen mysteriösen Zeugen der Vorzeit, hier und da ein Kreuz aufgesetzt und sie mit christlicher Symbolik versehen. Die Pfarrbezirke, von denen sich die meisten im nördlichen Teil des **Département Finistère**, in der ehemaligen Grafschaft Léon, nahe Morlaix, befinden, sind der sichtbarste Ausdruck bretonischer Frömmigkeit. Sie stellen die wohl interessantesten Schöpfungen der Renaissance-Kunst dieser Region dar. Zwei Welten werden hier in beeindruckender Weise einander gegenübergestellt. Eine Mauer erhebt sich zwischen der dörflichen Umgebung und dem **Friedhof**, in dessen Mitte ein **Kalvarienberg** (*Calvaire*) aus dunklem, meist verwittertem Granit die Leiden Christi schildert. Naive, bäuerliche Fantasie manifestiert sich hier in ihrer ganzen erzählerischen Ausführ-

Oben: *Figurenreich – den Calvaire von Guimiliau zieren über 200 Skulpturen*

Unten: *Frommer Brauch und Festtradition: Wallfahrt in bretonischer Tracht*

Oben rechts: *Prachtvolles Schnitzwerk: hölzerner Altaraufsatz in der Kirche von Lampaul-Guimiliau*

Unten rechts: *Ein idealer Ort für andächtige Stunden: Kreuzgang der Kathedrale St-Tugdual in Tréguier*

lichkeit. Bis zu 200 Figuren bevölkern diese aufwendigsten Kreuzigungsszenen der Sakralkunst. Doch Kalvarienberge gibt es nicht nur innerhalb der Pfarrbezirke, gelegentlich findet man sie auch einsam an Wegkreuzungen in der Landschaft in der Form eines einfachen Kreuzes. Der Übergang in die paradiesische Welt eines prachtvoll geschmückten, farbig-fröhlichen **Kirchenraums** erfolgt in den mit Apostelfiguren verzierten **Vorhallen**, die an die südliche Front der Kirchen angrenzen. Im Kircheninneren kann der Besucher häufig etwas andernorts vielfach zerstörtes entdecken: Die mit größter Raffinesse aus Holz oder Granit angefertigten **Lettner** trennen Chor und Hauptschiff, Geistlichkeit und Volk voneinander. Die beiden schönsten kann man in der Kapelle **St-Fiacre** bei Le Faouët und in der **Chapelle de Kerfons** bewundern.

Die bretonische Kunst ist am interessantesten im Detail: Ein Beispiel sind die mit grotesken Figuren geschmückten **Holzbalken** (*Sablières*), die das Hauptschiff am oberen Rand zwischen Seitenwand und Decke verbinden. Sie sind oft mit den merkwürdigsten Fabeltieren verziert und stellen in zwanglosem Durcheinander Szenen aus dem bäuerlichen Alltagsleben vermischt mit grotesken Fabeln und biblischen Geschichten dar. Farbenfrohe und prachtvoll geschnitzte **Holzaltäre**, die man auch in den äußerlich unscheinbarsten Kapellen findet, verleihen den Kirchenräumen eine heitere Atmosphäre, während unzählige **Statuen** die Verbundenheit der Bretonen mit ihren angeblich 7777 Heiligen zum Ausdruck bringen. Eher selten und daher umso wertvoller sind **Wandmalereien**, von denen die eindrucksvollsten in den Kapellen von **Kernascléden** und **Kermaria-an-Iskuit** fantastisch anmutende Totentänze vorführen.

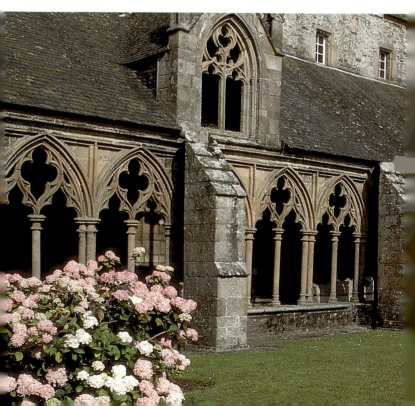

leihen. Sie zeigen sich in den unterschiedlichsten Stilen, Größen und Funktionen: als ausgedehnte stark befestigte mittelalterliche Wehranlagen wie in Vitré und Fougères, im Osten des Landes, als zentrales Bollwerk der Stadtbefestigung wie in St-Malo oder Dinan, als einsam in der Landschaft stehendes herzogliches Jagdschloss wie Suscinio oder als herzogliches Stadtschloss wie in Nantes. An vielen von ihnen lässt sich der Übergang vom reinen **Wehrbau**, einem hoch aufragenden Wohnturm oder einem von Wassergräben umgebenen quadratischen Kastell, zum repräsentativen **Schlossbau** der Renaissance erkennen, bei dem das Augenmerk dem Ausbau der Wohnräume sowie der Ausgestaltung der Fassaden gilt. Häufig gehen Stilelemente der **Re-**

Sakral- und Profanarchitektur

Bedeutende Beispiele gotischer **Kirchenbaukunst** in der Bretagne sind die Kathedralen von Dol-de-Bretagne, Tréguier und Quimper sowie die Wallfahrtskirchen von Locronan und Le Folgoët. Romanische Kirchenbauten sind dagegen kaum unverändert erhalten. Noch überwiegend romanisch geprägt ist das Innere der Kirchen des Mont-St-Michel, von Loctudy, Pont-Croix und Quimperlé.

Reich wie nicht viele andere Regionen aber ist die Bretagne an **Burgen**, **Schlössern** und **Herrenhäusern**, die dem Land ein ganz eigenes romantisches Flair ver-

Oben: *Golf und Gotik – das Château de la Bretesche bei Missilac lädt zum Urlaubmachen auf hohem Niveau ein*

Unten: *›Zwei Bretoninnen auf der Straße‹: der Aufenthalt in Pont-Aven hinterließ bei Paul Gauguin malerische Spuren*

Oben rechts: *Blaue Körbe für rote Hummer: Hier harren die frisch gefangenen Krustentiere, bis sie im Kochtopf landen*

Mitte rechts: *Bretonische Seefahrer-Idylle – der Hafen von Paimpol ist durch den Roman ›Die Islandfischer‹ bekannt*

naissance und der **Gotik** eine interessante Verbindung ein. Ein schönes Beispiel dieser Kombination ist etwa das Stammschloss der Familie Rohan in Josselin. Eine der stimmungsvollsten ist vielleicht die Burg Combourg, in deren düsteren Mauern der Vater der französischen Romantik, François-René de Chateaubriand, einen Teil seiner melancholischen Jugend verbrachte.

In allen vier Départements der heutigen Region Bretagne, **Île-et-Vilaine** im Osten, **Côtes-d'Armor** im Norden, **Finistère** im Westen und **Morbihan** im Süden, begegnet man im historischen

Zentrum der Städte der typisch bretonischen Bauweise. Wer sich an seine Lektüre der Asterixhefte erinnert, wird die Originale mancher Comic-Kulisse wieder erkennen – z. B. in den drei- bis vierstöckigen, in mehreren Stufen vorkragenden **Fachwerkbauten**, die sich über die engen Altstadtgassen hinweg am Dachfirst fast berühren. Neben den Häusern aus Granit, einem Material, das seit dem 17. Jh. vorrangig verwendet wurde, prägen sie das Gesicht vieler bretonischer Altstädte, sei es in Dinan, Vitré, Vannes, Quimper oder Morlaix. Die Bretonen pflegen diese alten Viertel mit großem Engagement und Einfühlungsvermögen – schon aus Interesse am Fremdenverkehr. Oft sind in diesen ehrwürdigen Fachwerkhäusern gepflegte Restaurants eingerichtet, in denen – dies ist mit Sicherheit ein weiterer Pluspunkt des Landes – den Gast eine fabelhafte, an Meeresfrüchten überreiche Küche erwartet.

Der Reiseführer

Dieser Band stellt das Reiseziel Bretagne mit den Départements Ille-et-Vilaine, Côtes-d'Armor, Morlaix, Finistère, Argoat, Loire-Atlantique und der Südküste in *neun Kapiteln* vor. Auf besondere Höhepunkte bei Sehenswürdigkeiten, Hotels, Restaurants, Naturerlebnissen, Festen etc. verweisen die **Top Tipps**. Den Besichtigungspunkten sind jeweils **Praktische Hinweise** mit Tourismusbüros sowie Hotel- und Restaurantempfehlungen angegliedert. **Übersichtskarten** und **Stadtpläne** erleichtern die Orientierung. **Bretagne aktuell A bis Z** informiert über Anreise, Einkaufsmöglichkeiten, Essen und Trinken, Klima und Reisezeit, Kultur live sowie Sportmöglichkeiten, Unterkunft und Verkehrsmittel im Land. Hinzu kommt ein umfassender **Sprachführer**. **Kurzessays** zu verschiedenen Themen runden den Reiseführer ab.

Geschichte, Kunst, Kultur im Überblick

um 600 000 v. Chr. Schon in der Altsteinzeit finden sich erste Spuren menschlichen Lebens auf dem Gebiet der heutigen Bretagne. Dieses westliche Ende des armorikanischen Massivs bildete damals noch eine Landeinheit mit den heutigen britischen Inseln.

um 4500–2000 v. Chr. In die Zeit des Neolithikums (Jungsteinzeit) fällt der Höhepunkt der Megalithkultur. Es entstehen die bedeutenden Steinreihen (Alignements) und Menhir-Anordnungen in Halbkreisform (Cromlechs) vor allem in der Gegend von Carnac, die singulär stehenden Menhire (bret. men = Stein, hir = lang) und Dolmen (Steintische) genannten Großgräber vor allem am und im Golf von Morbihan.

ab ca. 500 v. Chr. Aus dem mitteleuropäischen Raum wandern die Kelten ein. Fünf keltische Stämme (Namneten, Redones, Veneter, Osismer, Curiosoliten)

Prächtige Steine wie der Menhir de St-Uzec gehören zum vielseitigen Bild der Bretagne

siedeln an verschiedenen Punkten der Bretagne und vermischen sich mit der ansässigen Bevölkerung. Es entsteht eine eigenständige, überlegene Kultur (neu entwickelte Eisenwaffen, Druidentum). Die Naturfrömmigkeit der keltischen Religion mit ihrem Unsterblichkeitsglauben und dem Fruchtbarkeitskult lebt versteckt in so manchen christlichen Bräuchen weiter fort. Auf die Kelten geht auch der von der traditionsbewussten Bevölkerung heute noch gerne verwendete Name der Bretagne Armorika (Land am Meer) zurück.

56 v. Chr. Nach der Niederlage der Veneter in der Seeschlacht vor dem Golf von Morbihan und ihrer anschließenden Vernichtung durch die Römer unter Caesar beginnt die Romanisierung des Landes. Aus dieser römischen Epoche, die insgesamt 400 Jahre andauerte, haben sich jedoch kaum Spuren erhalten.

5.–7. Jh. Nach dem Rückzug der Römer aus Britannien erobern die Angelsachsen das Land und vertreiben die christianisierten keltischen Briten nach Wales, Cornwall und in die Bretagne, die somit den Insel-Kelten ihren heutigen Namen verdankt (kleines Britannien). Im Laufe dieser bis ins 7. Jh. dauernden Einwanderungswelle erfolgt die Christianisierung des Landes und die erneute Übernahme der keltischen Sprache. In dieser Epoche der Rekeltisierung erhält das Land den heute noch verwendeten keltischen Namen Breiz. Die Bretagne ist in dieser Zeit kein zusammenhängendes, einheitliches Reich – viele kleine Herrschaftsgebiete bestehen nebeneinander. Erste Klostergründungen erfolgen wie z. B. in Landévennec (Finistère). Die Anführer der Missionare werden die ersten Bischöfe der neu errichteten Diözesen. Die bedeutendsten Gründungsväter der bretonischen Bistümer werden als die sieben heiligen Gründer der Bretagne verehrt: Brioc (St-Brieuc), Corentin (Quimper), Maclou (St-Malo), Patern (Vannes), Paul-Aurelien (St-Pol-de-Léon), Samson (Dol-de-Bretagne) und Tugdual (Tréguier). Neben den genannten verleihen Tausende von Heiligen den Ortschaften der Bretagne ihren Namen. Die keltische Einwanderung lässt sich noch an vielen Ortsnamen wie z. B. Tregastel, Ploumanac'h, Landévennec ablesen, die noch die alten keltischen Bezeichnungen für Siedlung (tre), Pfarrgemeinde (plou) oder Einsiedelei (lan) beinhalten.

6. Jh. Entstehung des ersten bretonischen Königreiches Cornouaille (im Südwesten der Bretagne) unter dem legendären König Gradlon.

799 In der karolingischen Epoche üben die Frankenherrscher Druck auf die Bretagne aus. Karl der Große erobert den größten Teil des Landes und gründet zur Sicherung seines Reiches eine Grenz-

Geschichte, Kunst, Kultur im Überblick

mark, die er der Herrschaft seines Neffen Roland unterstellt. Hauptstadt dieser Grenzmark wird Nantes.

818 Die Bretonen unter ihrem Anführer Morvan leisten Widerstand gegen ihre Unterwerfer und weigern sich, die ihnen auferlegten Tributforderungen (an Ludwig den Frommen) zu bezahlen. Angesichts des Scheiterns einer völligen Einnahme des Landes und in der Absicht, die Befriedung der Region zu betreiben, wird Nominoë, Graf von Vannes, 831 als ›missus imperatoris‹ (Gesandter des Kaisers) zum Herzog der Bretagne ernannt.

Imposant und trutzig – die malerische Burg von Vitré wurde nie eingenommen

845 Die erneute Verweigerung der Tributzahlungen durch Nominoë führt zu Auseinandersetzungen, die schließlich in der Schlacht von Redon zu einem für die Bretonen siegreichen Ende kommen. Der fränkische König Karl der Kahle muss der Unabhängigkeit der Bretagne zustimmen.

851 Die Schlacht von Grand Fougeray bringt den Bretonen nun die formale Billigung als Königtum ein. Nominoës Sohn Erispoë wird von Karl als erster König der Bretagne anerkannt. Die Ländereien von Angers, Rennes, Nantes und Retz (südlich der Loire) tritt der fränkische König an die Bretagne ab. Das Land erreicht zu dieser Zeit seine größte Ausdehnung.

9./10. Jh. Die Normannen fallen in der Bretagne ein, zerstören fast alle Abteien der karolingischen Epoche sowie zahlreiche Städte, darunter Nantes, und setzen sich in den Küstenregionen fest. Die Mönche der zerstörten Klöster retten sich, so sie können, und fliehen nach Aquitanien, Burgund und in die Champagne.

939 Der letzte bretonische König Alain Barbe-Torte besiegt die Normannen bei Nantes, St-Brieuc und Dol und vertreibt sie aus der Bretagne.

11.–14. Jh. Das bretonische Herzogtum kann sich, teilweise unter englischem Einfluss, etablieren. König Ludwig VI. von Frankreich erkennt die Schutzherrschaft der normannischen Herzöge, die englische Könige geworden waren, über die Bretagne an. Die Oberhoheit des englischen Hauses Plantagenet über die Bretagne dauert von 1148 bis 1203. Nach der Ermordung Herzog Arthurs durch den englischen König Johann ohne Land und einer Periode der Unsicherheit erstarkt das Herzogtum in erneuter Hinwendung zu Frankreich unter dem Kapetinger Pierre Mauclerc (Pierre de Dreux). In der Folgezeit entstehen einige romanische Sakralbauten wie z. B. die Basilika Notre-Dame-de-Locmaria in Quimper und das Kloster von Daoulas. Zugleich werden die großen Grenzbefestigungen im Osten der Bretagne, Vitré und Fougères, errichtet.

1341–64 Eine Zeit der politischen Ruhe endet mit dem Tod des Herzogs Jean III., der kinderlos stirbt und den bretonischen Erbfolgekrieg auslöst. Dieser regionale Krieg ist Teil des Hundertjährigen Krieges zwischen Frankreich und England und vollzieht sich in der Bretagne zwischen den beiden rivalisierenden Häusern Blois und Montfort. Der Krieg endet nach wechselndem Kriegsglück mit dem Sieg des Hauses Montfort unter dem Heerführer Olivier de Clisson, der über den von Frankreich unterstützten Konnetabel Bertrand du Guesclin schließlich die Oberhand behält.

Lieblingsfigur der Region – Anne de Bretagne auf einer Münze von 1499

Geschichte, Kunst, Kultur im Überblick

Guimiliau – in der Renaissance gerieten die Kalvarienberge besonders prachtvoll

1365–1442 Unter den beiden Herzögen Jean IV. de Montfort und Jean V. folgt eine Zeit der kulturellen Blüte, in der mit dem Bau der herzoglichen Residenzen von Nantes und Suscinio und zahlreicher gotischer Kirchen wie in Le Folgoët, St-Pol-de-Léon (Kreisker) sowie der Kapellen von Kernascléden und St-Fiacre begonnen wird.

1458–88 Unter der Regentschaft des Herzogs François II. kommt es nach einer Phase der Befriedung zwischen dem Herzogtum und Frankreich zum endgültigen Bruch. Die Auseinandersetzung endet in der Schlacht bei St-Aubin-du-Cornier (1488) mit einer vernichtenden Niederlage des bretonischen Heeres und einem Unterwerfungsvertrag unter den französischen König Karl VIII.

1488–1514 Als Erbtochter von François II. wird Anne de Bretagne 1488 als Elfjährige Herzogin der Bretagne. Kurz darauf gibt sie Maximilian von Österreich das Jawort. Der französische König Karl VIII., der in dieser Eheschließung eine Umzingelung seines Reiches durch die Habsburger sieht, belagert die Stadt Rennes und zwingt die bretonische Herzogin zur Änderung ihrer Heiratspläne. Ihre Hochzeit mit Karl VIII. 1491 bindet die Bretagne endgültig an das französische Königshaus. Nach dem Tod Karls VIII. heiratet Anne 1499 entsprechend dem zuvor vereinbarten Ehevertrag in Nantes den Thronerben König Ludwig XII.

1532 Der Anschluss der Bretagne an Frankreich wird schließlich formell vollzogen: In Vannes unterzeichnen die Abgeordneten des Ständeparlaments die Vereinigungsakte. Die Bretagne erhält zwar Sonderrechte auf dem Gebiet der Rechtsprechung, der Finanzen und des Militärs, bleibt aber fortan unter der französischen Krone; Sitz der Verwaltung und des Parlaments wird Rennes. Auf kulturellem, künstlerischem und wirtschaftlichem Gebiet erlebt die Bretagne im 16. Jh. eine Zeit der Blüte. Der wachsende Tuchhandel, der bis nach Übersee reicht, verhilft einer ganzen Region im Westen des Landes zu Wohlstand und führt im Gebiet zwischen Morlaix und Landerneau zum Bau zahlreicher Kirchen und umfriedeter Pfarrbezirke (Enclos Paroissiaux) mit den berühmten Calvaires. Es ist dies der Höhepunkt der religiösen Volkskunst in der Bretagne.

2. Hälfte 16. Jh. Die Hugenottenkriege zwischen den Protestanten und der katholischen Liga, die Frankreich mehr als 40 Jahre erschüttern, führen auch in der Bretagne zu Verwüstungen. Der bretonische Gouverneur und Herzog Mercœur aus dem Haus der Guise kämpft an der Seite der Liga mit der Absicht, das Königshaus unter Heinrich IV. zu schwächen und sich der ihm widersetzenden Bretagne zu bemächtigen.

1598 Mit dem Edikt von Nantes beendet König Heinrich IV. die Religionskriege und gesteht den Hugenotten Religionsfreiheit und Schutzgebiete zu, in denen sie frei ihre Religion ausüben können.

1675 Der Bauernaufstand der Bonnets Rouges (Rotmützen) gegen die Einfüh-

Eine begehrte Frau: Anne de Bretagne wird Ehefrau von Karl VIII. und Ludwig XII.

Geschichte, Kunst, Kultur im Überblick

rung des Stempelpapiers und neuer Steuerforderungen durch den französischen Finanzminister Colbert wird blutig niedergeschlagen. Infolge der Aufhebung des Edikts von Nantes im Jahre 1685 unter Ludwig XIV. verlassen viele Hugenotten das Land, das mehr und mehr verarmt und an Bedeutung verliert.

1768 François René de Chateaubriand wird in St-Malo geboren. Der spätere Staatsmann und Schriftsteller († 1848) verbringt seine Jugend im Schloss Combourg südlich von St-Malo.

1789 Die Französische Revolution wird von den Bretonen zunächst begrüßt. In Rennes formiert sich der Klub der bretonischen Abgeordneten, ein Vorläufer des späteren Jakobinerklubs.

Französischer Staatsmann und Schriftsteller: François René de Chateaubriand

1793–1804 Die Bretagne wird zu einem Zentrum des antirevolutionären Widerstands. Die königstreuen Chouans erheben sich im Gebiet von Fougères und Vitré unter ihren adligen Anführern Marquis de la Rouërie und Cadoudal. Mit der Hinrichtung des Letzteren endet der Aufstand, der bürgerkriegsähnliche Ausmaße angenommen hatte. Die Aufteilung der Bretagne in die fünf Départements Ille-et-Vilaine, Côtes-d'Armor (ehemals Côtes-du-Nord), Finistère, Morbihan und Loire-Atlantique ist ebenfalls ein Ergebnis der Französischen Revolution.

19. Jh. Napoleon I. lässt 1805 den Nantes-Brest-Kanal erbauen. Gleichwohl ist das 19. Jh. infolge der Seeblockade durch die Engländer während der napoleonischen Kriege wie auch wegen fehlender Rohstoffe für die Bretagne eine Zeit des wirtschaftlichen Niedergangs und der zunehmenden Isolation. Eine große Abwanderungsbewegung in die jungen Industriegebiete und nach Paris setzt ein. Zugleich zieht das Land mit seinen Naturschönheiten ab der Mitte des Jahrhunderts Literaten wie Honoré de Balzac, Stendhal und Gustave Flaubert sowie Maler wie Paul Gauguin an. In ihrem Gefolge wird die Bretagne von Touristen als Reiseziel voll romantischer Ursprünglichkeit entdeckt.

ab 1918 In der Bretagne bilden sich die ersten separatistischen Bewegungen; 1927 wird die Partei der bretonischen Autonomisten gegründet, vier Jahre später die der bretonischen Nationalisten.

1940–44 Im Verlauf des Zweiten Weltkriegs wird die Bretagne von deutschen Truppen besetzt. Im Zuge der Befreiung durch die Alliierten erleiden vor allem die Hafenstädte schwere Schäden.

ab 1964 Es erfolgt die umstrittene Angliederung des Départements Loire-Atlantique an die neu geschaffene Region Pays de la Loire. Ab 1970 macht sich die Separatistenbewegung wieder bemerkbar. Die extremistische Bretonische Befreiungsfront führt mehrere Sprengstoffattentate durch.

1978 Eine Ölpest nach der Havarie der ›Amoco Cadiz‹ vor Portsall an der Nordwest-Ecke der Bretagne verheert weite Küstenabschnitte.

1985 Zweisprachige Verkehrsschilder werden aufgestellt (frz. u. breton.).

1994 Im Februar werden bei Demonstrationen aufgebrachter Fischer Teile des berühmten bretonischen Parlamentsgebäudes (Justizpalast) in Rennes zerstört.

2000 Ein Jahr nach dem Untergang des maltesischen Tankers ›Erika‹ südlich der Hafenstadt Brest und der Verschmutzung weiter Abschnitte der französischen Atlantikküste beschließen die Verkehrsminister der EU im Dezember schärfere Bestimmungen zur Sicherheit auf See.

2003 Anlässlich des 100. Todestages von Paul Gauguin finden in Quimper und in Pont-Aven große Ausstellungen zu der um den Maler entstandenen Schule von Pont-Aven statt.

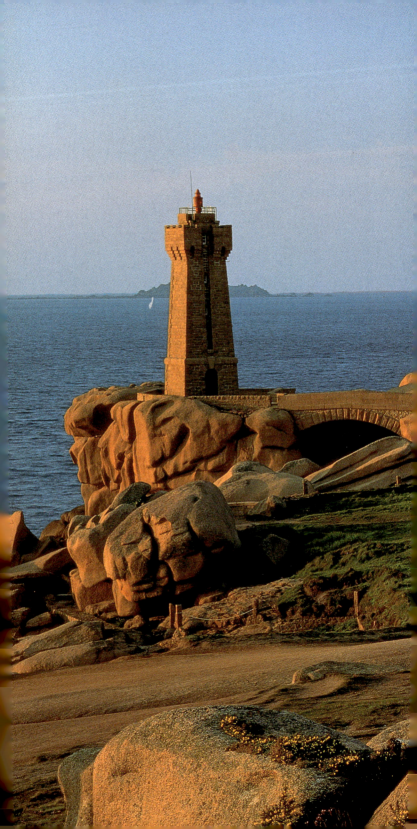

Sehenswürdigkeiten

Département Ille-et-Vilaine – Land der Festungsstädte

Das östlichste der vier bretonischen Départements ist nach den beiden Flüssen benannt, die in der Hauptstadt **Rennes** zusammenfließen. Die Landschaft der Region ist zwar nicht spektakulär – die meisten Strecken sind nur leicht hügelig – aber mit ihren noch teilweise erhaltenen Wäldern, den Flusstälern und dem Küstenabschnitt zwischen dem **Mont St-Michel** und der alten Korsarenstadt **St-Malo** zeigt sie sich abwechslungsreich und insgesamt lieblicher als die westlichen Départements Côtes-d'Armor und Finistère. Die Region ist zudem in ihrer östlichen Hälfte, dem historischen Grenzgebiet der Bretagne, reich an geschichtlich wie kunstgeschichtlich interessanten Bauwerken. **Vitré**, **Fougères** und die schon im Département Loire-Atlantique gelegene Burg Châteaubriant bildeten einst eine von Norden nach Süden reichende Befestigungskette, die die Unabhängigkeit des Landes gegenüber Frankreich schützen sollte. Zahlreiche kleinere mittelalterliche Burgen und reizvoll gelegene Schlösser erinnern an die unruhige herzogliche Vergangenheit.

1 Vitré

Mittelalterliches Städtchen mit imposanter Burganlage.

Den aus Osten Anreisenden begrüßt am Eingang der Bretagne eine der alten Grenzfesten des Landes mit einem für die Region typischen und sehenswerten Stadtbild. Vitré liegt nur wenige Kilometer nördlich der Hauptroute von Le Mans nach Rennes, knapp 40 km vor Rennes. Die Altstadt von Vitré bietet ein stimmungsvolles Bild mittelalterlicher Fachwerkhäuser und ist zum Teil noch von der ursprünglichen Festungsmauer umgeben.

Geschichte Vitré war seit dem 11. Jh. Adelssitz und später eine von neun bretonischen Baronien. Unter der Herrschaft der Familie der Rivallon wurde im 11. Jh. ein erstes *Château* errichtet, dem Mitte des 12. Jh. der Bau der Stadtmauer folgte. Um die Burg herum entwickelte sich in dieser Zeit die jetzige Altstadt, die bis

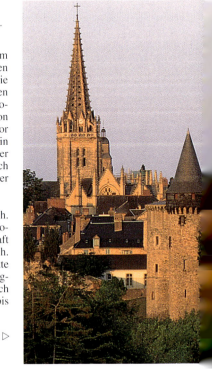

Vitré, eine der schönsten Städte der Bretagne, besitzt neben der reizvollen Altstadt eine sehenswerte Burganlage ▷

Vorhergehende Doppelseite: *Bretonische Bilderbuchidylle – Côte de Granit Rose bei Ploumanac'h*

heute unversehrt erhalten blieb. 1572 wurde unter Paul de Coligny die Stadt zu einem der wenigen Zentren des Protestantismus im Land und zu einem Hauptwaffenplatz der Hugenotten.

Besichtigung   Das malerische **Château** von Vitré thront am westlichen Ende der Altstadt auf einem Felssporn oberhalb des Vilaine-Tals. Ihr markantes Äußeres gewinnt sie durch eine Vielzahl grauer Rundtürme mit spitzen Kegeldächern. Die anstelle einer älteren Feste im 13.–15. Jh. errichtete Burg war mächtig genug, um im 16. Jh. während der Religionskriege der Belagerung durch die katholische Liga standzuhalten. Auf einer ehemaligen Zugbrücke gelangt man über einen tiefen Graben durch das Tor eines massiven Doppelturms. Der weite, dreieckige Innenhof wird von zwei weiteren wuchtigen Ecktürmen und einem Wehrgang umschlossen. Im nördlichen Wohnflügel ist heute das Rathaus von Vitré untergebracht. Im mächtigen Burgfried *St-Laurent* befindet sich das **Museé du Château** (April–Juni tgl. 10–12, 14–17.30, Juli–Sept. tgl. 10–18, Okt.–März Mi–Fr 10–12, 14–17.30 Uhr, Sa–Di nur nachmittags) mit Möbeln und Holzschnitzarbeiten des Mittelalters und der Renaissance. Prunkstück des Museums ist ein Triptychon aus der Mitte des 16. Jh., das auf 32 Emailtafeln das Leben Jesu und der Jungfrau Maria erzählt.

Von der Place du Château führt leicht ansteigend eine von alten Häusern flankierte Straße zur Kirche **Notre-Dame** aus dem 15. und 16. Jh. Der spätgotische Bau beeindruckt vor allem durch seine reich gestaltete Südseite. Die Fassade mit ihren sieben Dreiecksgiebeln, den fein gerippten Fenstern, zahlreichen Wasserspeiern und schlanken Fialen gilt als eines der schönsten Beispiele des in der Bretagne verbreiteten gotischen Flamboyantstils mit seinem charakteristischen flammenförmigen Maßwerk. Die zierliche Außenkanzel der Kirche stammt aus dem 15. Jh. Das **Innere**, das man durch ein schmuckvolles Renaissanceportal im Westen betritt, wurde im 19. Jh. restauriert; einige sehenswerte Altäre aus dem 17. und 18. Jh. sowie ein noch aus dem 16. Jh. erhaltenes Fenster

Département Ille-et-Vilaine – Vitré, Château des Rochers-Sévigné

Das alte Haus in der Rue d'Embas von Vitré gehörte einem reichen Handwerker

im südlichen Querschiff lohnen eine genauere Betrachtung. Nördlich schließen an die Kirche das ehemalige Klostergebäude mit Kreuzgang sowie eine kleine Gartenterrasse an, die einen schönen Blick auf das Tal der Vilaine gewährt.

Ein in seiner Geschlossenheit seltener mittelalterlicher Stadtkern erstreckt sich südlich der Kirche. In der engen **Rue Baudrairie** und der **Rue d'Embas** stammen fast alle Häuser aus dem 15. und 16. Jh. Das Erdgeschoss ist meist aus Granit und dient als Unterbau für die darauf ruhenden, mit geschnitzten Balken versehenen Fachwerkstockwerke.

Ausflug

Einen kurzen Abstecher lohnt das elegante Schlösschen **Château des Rochers-Sévigné** (Juli–Sept. tgl. 10–18, Okt.–März Mi–Fr 10–12, 14–17.30, Sa–Di 14–17.30, April–Juni tgl. 10–12, 14–17.30 Uhr) 6 km südlich von Vitré (D 88).

Der Hauptteil der Anlage stammt aus dem 15. Jh., ein Seitenflügel wurde im 17. Jh. hinzugefügt; eine achteckige Kapelle steht, losgelöst von den übrigen Bauten, in der Verlängerung des Hauptgebäudes. Im 17. Jh. war das Schlösschen das Domizil der Schriftstellerin *Marie de Rabutin-Chantal, Marquise von Sévigné* (1626–1696), deren Briefe an ihre Tochter für das in ihnen entworfene Sittengemälde der Adelsgesellschaft unter Ludwig XIV. geschätzt werden. Der **Garten**, der das Schloss umgibt, wurde nach den Plänen von Le Nôtre, dem königlichen Gartenarchitekten von Versailles, neu angelegt.

Praktische Hinweise

Information: Office de Tourisme, pl. Gen. de Gaulle, Tel. 02 99 75 04 46, Fax 02 99 74 02 01, Internet: www.ot-vitre.fr

Hotels

** **Du Château**, 5, rue Rallon,
Tel. 02 99 74 58 59, Fax 02 99 75 35 47.
Ruhiges, einfaches Hotel garni in einer Seitenstraße.

** **Le Minotel**, 47, rue Poterie,
Tel. 02 99 75 11 11, Fax 02 99 75 81 26.
Innen modernisiertes Hotel garni mitten in der Altstadt.

Restaurant

Taverne de L'Ecu, 12, rue de la Baudrairie, Tel. 02 99 75 11 09. Gepflegtes altes Restaurant in der Altstadt.

Von geheimnisvollem Zauber: das düsterelegante Château des Rochers-Sévigné

2 Rennes *Plan Seite 22*

Hauptstadt der Bretagne mit mittelalterlichen Gassen und klassizistischen Stadtvierteln.

Die bretonische **Hauptstadt** liegt in hügeliger Umgebung am östlichen Rand der Bretagne. Mit dem TGV zwei, mit dem Wagen knapp drei Stunden Fahrtzeit trennen sie von Paris. Seit dem Mittelalter Verwaltungs-, seit dem 19. Jh. *Universitätsstadt* mit heute fast 50 000 Studenten, wird die Innenstadt von einem Kranz von Wohnsiedlungen umgeben. In den Außenbezirken haben sich in den letzten Jahrzehnten moderne Industriebetriebe angesiedelt, darunter die Citroen-Werke. Seit sich auch Forschungszentren für Elektronik, Kommunikations- und Agrarwissenschaften, Biologie, Medizin und Pharamazie etabliert haben, ist Rennes zu einem *High-Tech-Standort* von europäischer Bedeutung avanciert. Rennes ist ferner Sitz der auflagenstärksten Zeitung Frankreichs: Ouest France. Gleichwohl macht Rennes anders als das dynamische Nantes nicht den Eindruck einer pulsierenden Stadt. Eine elegante und immer noch beschauliche Provinzialität hat sie trotz ihrer fast 250 000 Einwohner bis heute nicht abgelegt.

<u>Geschichte</u> Seinen Namen verdankt Rennes dem bereits in vorrömischer Zeit in der Gegend ansässigen keltischen Stamm der Redonen. Während der Herrschaft der Römer war die Stadt unter dem Namen *Condate* Handelszentrum der Region. Die Entwicklung zur bretonischen Hauptstadt in Konkurrenz mit dem im Mittelalter bereits etablierten Nantes erfolgte langsam und war auf Dauer erst erfolgreich, als sich 1491 die Herzogin Anne de Bretagne mit dem französischen König Karl VIII. vermählte, eine Heirat, die zugleich das Ende der Unabhängigkeit der Bretagne einleitete. Ab 1532 war die Bretagne französische Provinz mit allerdings zugestandenen Sonderrechten, 30 Jahre später konstituierte sich in Rennes das bretonische Parlament. 1675 probten hier die renitenten Bretonen den Aufstand gegen das von Colbert, dem Finanzminister Ludwigs XIV., eingeführte Stempelpapier, das eine neue Steuerabgabe nach Paris anbefahl. 1720 brannte fast die gesamte Altstadt nieder und wurde anschließend in klassizistischem Stil wieder aufgebaut. Der rebellische Geist der Bretonen blieb bis in unsere Tage erhalten. In der Nacht vom 4. auf den 5. Februar 1994 erlitt Rennes einen schweren Verlust, als das Palais de Justice, das ehemalige Parlamentsgebäude, bei Demonstrationen bretonischer Fischer von einem Brandsatz getroffen wurde und weitgehend den Flammen zum Opfer fiel.

Beschaulich: Fachwerkhäuser und hübsche Straßencafés in mittelalterlichen Gassen prägen den historischen Kern von Rennes

<u>Besichtigung</u> Das Zentrum von Rennes erstreckt sich größtenteils nördlich des Flusses *Vilaine*, der innerhalb des Stadtgebiets kanalisiert und überbaut ist und die Stadt in West-Ost-Richtung durchzieht. Der erhalten gebliebene mittelalterliche Teil der Altstadt ist auf einige Gassen in der Nähe der Kathedrale begrenzt, während sich die klassizistisch erneuerten Straßen östlich daran anschließen. Die meisten Fachwerkbauten stehen in der Rue St-Yves, der Rue du Chapitre und vor allem in der Rue St-Guillaume. Auch die nördlich gelegene stimmungsvolle Place Ste-Anne wird von schönen Fachwerkhäusern begrenzt. Zahlreiche Cafés und Restaurants mit

Département Ille-et-Vilaine – Rennes

Frische Köstlichkeiten aus dem Meer: auf dem Markt am Place des Lices in Rennes

einem vorwiegend studentischen Publikum verleihen der Gegend eine aufgelockerte Atmosphäre.

Westlich der Rue St-Guillaume erhebt sich die doppeltürmige **Cáthedrale St-Pierre** ❶, die nach dem Einsturz ihrer Vorgängerin aus dem 16. Jh. zum überwiegenden Teil ein Bau des 19. Jh. ist. Sehenswert im Innern ist das flämische Holzretabel des 16. Jh. mit Szenen aus dem Marienleben. Gegenüber der Kathedrale steht mit den **Portes Mordelaises** ❷ der einzig erhaltene Bau der alten Stadtmauer. Die **Place des Lices** ❸, heute eine weiträumige Anlage mit *Markthallen*, war einst Schauplatz von Ritterturnieren und erlebte im 14. Jh. einen Sieg des Bertrand du Guesclin.

Das **Klassizistische Stadtviertel** schließt sich östlich an die mittelalterlichen Gassen an. Es wurde nach dem verheerenden Brand von 1720 vom königlichen Architekten Jacques Gabriel angelegt und ist ein schönes Beispiel großzügiger Stadtbaukunst des 18. Jh. Einen kurzen Besuch lohnt das 1742 errichtete **Hôtel de Ville** ❹ an der stets belebten Place de la Mairie. Dem Rathaus gegenüber liegt das im 19. Jh. erbaute neoklassizistische *Théâtre*. Wenige Schritte entfernt öffnet sich die prächtige Place du Palais. Sie wird auf ihrer Nordseite vom ehemaligen *Parlamentsgebäude* und heutigen **Palais de Justice** ❺ be-

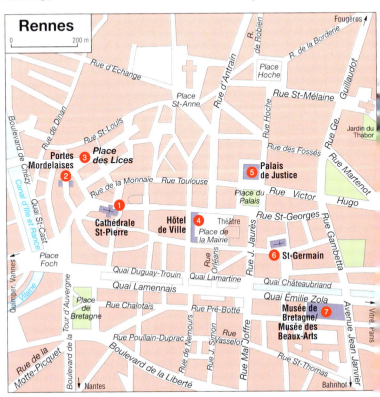

Lebendiger Treffpunkt für Flaneure und Schauplatz neoklassizistischer Baukunst: Place de la Mairie mit dem rund angelegten Théâtre in Rennes

grenzt. Der Renaissancepalast wurde zwischen 1618 und 1655 errichtet und gehört bzw. gehörte kunstgeschichtlich zu den wichtigsten Bauten dieser Epoche in der Bretagne. Die Fassade entstand nach Plänen von Salomon de Brosse, des Hofarchitekten Heinrichs IV. und der Maria de Medici, der bereits das Palais de Luxembourg in Paris erbaut hatte. Der Dachstuhl und die Säle der oberen Etage, vor allem die Große Kammer mit der wertvollen Kassettendecke sind bei dem Brand Anfang 1994 zerstört worden.

Am östlichen Ende des Klassizistischen Stadtviertels ist die spätgotische Kirche **St-Germain** ❻ aus dem 15. und 16. Jh. sehenswert, die neben modernen noch Glasfenster aus dem 16. Jh. besitzt.

TOP TIPP Das am Quai Émile-Zola am Südufer der Vilaine gelegene **Musée de Bretagne** ❼ (Mi–Mo 10–12 und 14–18 Uhr) ist das Landesgeschichtliche Museum der Region. Ausgestellt sind Exponate aus den Bereichen Ethnographie und Geschichte von der Frühgeschichte bis ins 20. Jh. Im 1. Obergeschoss beherbergt das Gebäude das **Musée des Beaux-Arts**, neben dem Museum in Nantes die bedeutendste Gemäldegalerie der Bretagne. Die europäische Malerei des 14.–20. Jh. ist u. a. mit Werken holländischer und italienischer Meister vertreten, unter denen einige Gemälde von Rubens, Veronese und Tintoretto herausragen. Schwerpunkt ist jedoch die französische Malerei mit Werken von Georges de la Tour, Camille Corot, Jean-Baptiste-Siméon Chardin, Alfred Sisley und der Schule von Pont-Aven (Emile Bernard, Paul Sérusier und Paul Gauguin).

Praktische Hinweise

Information: Office de Tourisme, 11, rue St-Yves, Tel. 02 99 67 11 11, Fax 02 99 67 11 10, E-Mail: infos@tourisme-rennes.com

Hotels

** **Le Sévigné**, 47, av. Janvier, Tel. 02 99 67 27 55, Fax 02 99 30 66 10, Internet: www.hotellesevigne.fr. Kleines Mittelklassehotel nahe dem Nordausgang des Bahnhofs.

* **D'Angleterre**, 19, rue Maréchal Joffre, Tel. 02 99 79 38 61, Fax 02 99 79 43 85. Preisgünstiges, einfaches, aber gut geführtes Garnihotel.

Restaurants

Crêperie Ar Pillig, 10, rue d'Argentré, Tel. 02 99 79 53 89

Crêperie au Boulingrain, 25, rue St-Mélaine, Tel. 02 99 38 75 11

❸ Fougères

Eine der größten mittelalterlichen Burganlagen Europas.

Das 30 km nördlich von Vitré (D 178) gelegene Fougères lohnt einen Besuch we-

Département Ille-et-Vilaine – Fougères

Beflügelte Dichter zu überschwänglichen Äußerungen: Victor Hugo und Gustave Flaubert schwärmten von Fougères, das besonders wegen seinem Château und schönen Altstadt eine Besichtigung lohnt

gen seiner mittelalterlichen Grenzbefestigung, deren Ausmaße noch die von Vitré übertreffen. Die Stadt selbst liegt hoch über dem Tal des Nançon, während das Château überraschenderweise im Tal errichtet wurde. Hier bietet jedoch der Fluss, von dem das Château fast völlig eingeschlossen wird, einen natürlichen Schutz. Wichtiger als die Sicherheit der Stadt und ihrer Bewohner war offenbar die strategische Position der Anlage, die den Eingang in die Bretagne zu bewachen hatte.

<u>Geschichte</u> Die Geschichte der Stadt ist zugleich die ihrer Festung. Ein erstes Château wurde 1020 unter dem Landesherrn Méen erbaut, seine heutige Gestalt erhielt es aber erst im 12. Jh. 1166 hatte der englische König Heinrich II. Plantagenet nach der Eroberung der Bretagne Fougères zerstören lassen. Der damalige Herr von Fougères, Raoul II., hatte sich zusammen mit anderen bretonischen Adligen der Unterwerfung des bretonischen Herzogs Conan IV. unter den englischen König widersetzt, der daraufhin das Château schleifen ließ. Erweiterungen zu einer der ausgedehntesten Burganlagen Europas erfolgten im 14. Jh. unter der Familie der Lusignan. Dennoch fiel Fougères 1488 nach einer vernichtenden Niederlage der Bretonen in der Schlacht von St-Aubin-du-Cormier, südwestlich von Fougères, an die französische Armee. Damit war das Ende der Selbstständigkeit der Bretagne besiegelt.

Auch die späteren Jahrhunderte waren unruhig: Während der Französischen Revolution galt Fougères als Hochburg der Chouans, königstreuen Revolutionsgegnern, die nach dem Waldkauz (frz. chathuant) benannt wurden, dessen Ruf ihr Erkennungssymbol war. Im Verbund mit den Bewohnern der Vendée begannen sie von Fougères aus ihre Aufstände. 1828 besuchte Balzac die Stadt für Studien zu dem historischen Roman ›Le dernier Chouan‹. Auch Victor Hugo behandelte in dem Roman ›1793‹ das Thema der aufständischen Bretagne.

<u>Besichtigung</u> Ausgedehnte Wehrmauern und insgesamt 13 Türme von stattlicher Höhe verleihen dem **Château** (15. Juni– 15. Sept. tgl. 9–19 Uhr, Okt.–Dez. und

24

Fougères

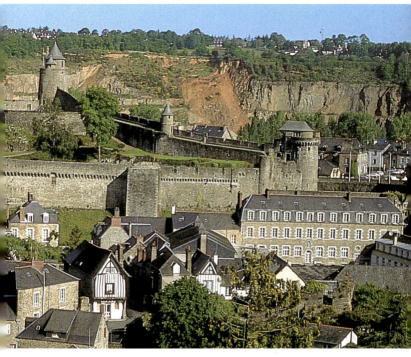

Febr.–Mai tgl. 9.30–12, 14–18 Uhr) sein mächtiges Aussehen. Besonders imposant ist der 30 m aufragende *Tour de la Melusine*, der nach der keltischen Fee benannt ist, von der sich die Familie Lusignan herleitet. Im *Tour du Raoul* ist heute ein *Schuhmuseum* eingerichtet, das über diesen einst bedeutenden Industriezweig von Fougères informiert.

Die **Rue de la Pinterie** verbindet das Château mit der oberen Stadt. Vom Place du Théâtre führt die Rue Nationale in Richtung Hôtel de Ville. Nach einem Brand im 18. Jh. wurden die alten Fachwerkhäuser durch die nun das Straßenbild bestimmenden Granitbauten ersetzt. Auf halbem Weg lohnt das interessante und zugleich vergnügliche **Atelier-Musée de l'Horlogerie** (Juni–Mitte Sept. tgl. 10–12, 14–17 Uhr, sonst nur Di–Sa) einen Besuch. Neben einer originalgetreu eingerichteten Uhrmacherwerkstatt des frühen 20. Jh. ist eine beeindruckende Kollektion verschiedenster Uhren des frühen 17. Jh. bis heute zu bestaunen. Zu den mehr als 200 Exponaten zählen neben Pendel- und anderen Standuhren, Taschen- und Armbanduhren auch Spieldosen und sogar Kirchturmuhren. Wenige Schritte entfernt befindet sich links in einem hübschen Fachwerkhaus das **Musée Emmanuel de la Villeon** (Mitte Juni–Mitte Sept. tgl. 10–12, 14.30–18 Uhr, sonst Mi–So 10–12, 14–17 Uhr) mit Werken des aus Fougères stammenden spätimpressionistischen Malers. Neben dem Hôtel de Ville aus dem Jahr 1535 steht die im 12./13. Jh. erbaute Kirche **St-Léonard**. Sie wurde im 19. Jh. im neugotischen Stil erneuert. Von der angrenzenden Place aux Arbres genießt man einen schönen Blick über Château und Stadt.

Praktische Hinweise

Information: Office de Tourisme, 2, rue Nationale, Tel. 02 99 94 12 20, Internet: www.ot-fougeres.fr

Hotel
***Hôtel Du Commerce**, 3, pl. de l'Europe, Tel. 02 99 94 40 40, Fax 02 99 99 17 15. Kleines Mittelklassehotel mit eigenem Parkplatz.

Restaurant
La Petite Auberge, 1, La Templerie, route d'Ernée, Tel. 02 99 95 27 03. Gehobenes Restaurant, 10 km außerhalb, an der Straße nach Paris.

Département Ille-et-Vilaine – Combourg / Dol-de-Bretagne

4 Combourg

Heimatschloss des Romantikers Chateaubriand.

Das Städtchen Combourg liegt nördlich von Rennes an der D 795, ca. 17 km vor Dol. Den Dorfteich, die sich an seinen Ufern gruppierenden Häuser und den bewaldeten Hügel überragen die vier massiven Rundtürme des düster wirkenden quadratischen **Château** (April – Juni So–Fr 14–17 Uhr, Juli/Aug. 11–17 Uhr, Sept. 14–17 Uhr, Okt. 14–16 Uhr), in dem *François René de Chateaubriand* (1768–1848) einen Teil seiner Jugend verbrachte. Die vom Bischof von Dol 1016 gegründete Burg erfuhr im 14. und 15. Jh. wesentliche Erweiterungen. 1761 kaufte der Vater Chateaubriands, ein Reeder aus St-Malo, das Château. Im 19. Jh. erfolgten Restaurierungsarbeiten; in dieser Zeit wurde auch der rückseitige Park angelegt. Die Burgwälle ließ man teilweise abtragen, sodass nun eine Rampe zum Eingangstor emporführt. Im **Innern** sind die einst von Chateaubriand bewohnten Räume zu besichtigen.

Praktische Hinweise

Information: Office de Tourisme, Maison de la Lanterne, 23, pl. Albert Parent, Tel. 02 99 73 13 93,
Fax 02 99 73 52 39,
Internet: www.combourg.org

Hotel
****Du Château**, 1, pl. Chateaubriand, Tel. 02 99 73 00 38, Fax 02 99 73 25 79, E-Mail: hotelduchateau@wanadoo.fr.
Niveauvolles Hotel und Restaurant unterhalb des Schlosses.

5 Dol-de-Bretagne

Alte Bischofsstadt mit bedeutender gotischer Kathedrale.

Das lebhafte Provinzstädtchen (5000 Einwohner) – unweit der Küste an der Schnellstraße zwischen dem Mont St-Michel und St-Malo – wird von einer weithin sichtbaren, mächtigen gotischen Kathedrale überragt, die zu den bedeutendsten sakralen Bauten der Bretagne gehört. Die Stadt wurde im 6. Jh. von dem walisischen Heiligen Samson gegründet. Ihre Bedeutung erlangte sie durch die Krönung von Herzog Nominoë zum ersten Herzog der Bretagne im Jahr 848. Nominoë erhob Dol zum Erzbischofssitz der Bretagne und den Bischof zum Primas der sieben bretonischen Bistümer. Erst 1801 wurde das Bistum dem von Rennes angeschlossen.

Die ursprünglich romanische **Cáthedrale St-Samson**, 1203 vom englischen König Johann ohne Land niedergebrannt, wurde anschließend unter Einbeziehung der romanischen Reste wieder errichtet und zeugt noch heute eindrucksvoll von der einstigen klerikalen Bedeutung Dols. Schmucklos bis abweisend zeigt sich die dem nahen Meer zugewandte *Nordseite*, die eher an eine Festung denn an eine Kathedrale denken lässt. Monumental und archaisch wirkt die doppeltürmige *Westfront*, deren mittlerer Teil dem ursprüng-

Romantisches Plätzchen – am Dorfteich von Combourg bietet sich ein schöner Blick auf das Château, in dem François René Chateaubriand seine Jugend verbrachte

François René de Chateaubriand

Der Schriftsteller und Staatsmann François René, Vicomte de René de Chateaubriand (1768–1848) gilt als herausragender Vertreter der französischen Frühromantik. Seine letzte Ruhestätte auf einem Felsen im Meer in Sichtweite seiner Geburtsstadt St-Malo ist ein Sinnbild seines Lebens: »Dieses Grab ist wie sein Leben: einsam, romantisch, ein wenig theatralisch« (Friedrich Sieburg).

Der Sohn eines Reeders aus altem französischem Adel wusste **Literatur** *und Politik erfolgreich zu verknüpfen. Nach Kindheitsjahren in St-Malo, Dol-de-Bretagne und auf dem Château von Combourg schlug Chateaubriand zunächst eine militärische Laufbahn ein. In Paris war er Augenzeuge der Revolution und kehrte, wie viele andere königstreue Literaten und Intellektuelle, Frankreich den Rücken. Nach ausgedehnten Reisen in Amerika und der Exilzeit in England begann er in Frankreich eine Karriere als* **Diplomat**, *wurde unter Ludwig XVIII. Botschafter seines Landes in Stockholm, Berlin, London und Rom und später – auf dem Höhepunkt seines politischen Wirkens –* **Außenminister**.

In den letzten Jahren seines Lebens widmete er sich ganz der Literatur. Mit dem zuvor erschienenen Werk ›La genie du Christianisme‹ rühmte sich Chateaubriand, die Kirchen Frankreichs wieder geöffnet zu haben. Die Novelle ›René‹, die er dann in schwärmerisch-romantischem Stil verfasste, gilt heute als der französische ›Werther‹. Sein Hauptwerk aber sind die mehrbändigen **›Mémoires d'outre-tombe‹** *(Memoiren von jenseits des Grabes). Diese 1849 posthum erschienene Autobiografie enthält neben der berühmten Schilderung seiner bretonischen Kindheit eine ausführliche Charakterisierung Napoleons und philosophische Reflexionen. Chateaubriands Prognosen hinsichtlich der Zukunft waren eher düster: »Die Fantasie, die Poesie, die Künste sterben in den Löchern einer Bienenkorbgesellschaft, in der jedes Individuum nichts weiter sein wird als eine Biene, ein Rädchen in einer Maschine ...«.*

Erinnerung an den berühmten Schriftsteller: Chateaubriand-Denkmal in Combourg

lichen Bau entstammt. Der 1520 erbaute Nordturm blieb aus Geldmangel unvollendet. Schmuckvoll hingegen zeigt sich die *Südseite*, die mit zwei Vorhallen ausgestattet ist.

Im **Innern** beeindrucken das dreistöckige Hauptschiff mit seiner Länge von knapp 100 m und die Geschlossenheit des Stils in reiner normannischer Gotik. Der fünfjochige Chor besitzt ein großes, noch aus dem 13. Jh. stammendes *Mittelfenster*, das älteste der Bretagne. In seinen acht Bahnen zeigt es Heiligenlegenden, Szenen aus dem Leben Jesu und das Jüngste Gericht. Das eicherne *Chorgestühl* mit seinen 80 Sitzen aus dem 14. Jh. ist ein weiteres Schmuckstück der Innenausstattung. Im nördlichen Querschiff steht schließlich das *Grabmal des Bischofs Thomas James* (1482–1504), das als einziges die Plünderungen der Revolutionszeit überstanden hat. Es ist das Werk zweier Florentiner Bildhauer und das älteste Renaissancegrabmal der Bretagne.

Gleich nebenan an der Place de la Cathédrale wurde als besondere touristische Attraktion das **Cathédraloscope** (Mai–Sept. tgl. 9.30–19.30 Uhr, Okt.–April 10–18 Uhr) eingerichtet. Dieses eindrucksvolle Museum entführt den Besucher mit dreidimensionalen Modellen sowie Licht- und Showeffekten in die Welt der Kathedralen, ihrer Erbauer und architektonischen sowie symbolischen Bedeutung.

Den gesamten Ort durchzieht in einem leichten Bogen die **Grande Rue des Stuarts**. Die belebte Einkaufsstraße säumen einige sehenswerte Fachwerkhäu-

Département Ille-et-Vilaine – Dol-de-Bretagne, Menhir de Champ-Dolent, Mont-Dol

Gotischer Granitbau der Meisterklasse: Cathédrale St-Samson in Dol-de-Bretagne

ser. Besonders farbenfroh wirkt sie während des samstäglichen Markts.

Ausflüge

Der mächtige **Menhir de Champ-Dolent**, 2 km südlich von Dol-de-Bretagne gelegen, ist einen Abstecher wert. Dieses eindrucksvolle Denkmal der uralten Megalithkultur ragt 9,50 m aus dem Boden heraus und dominiert damit die umliegenden Felder.

Der 65 m hohe **Mont-Dol** erhebt sich 3 km nordwestlich der Stadt markant aus der sonst völlig ebenen Landschaft. Er war einst wie der Mont-St-Michel vom Meer umspült, später zog sich das Wasser zurück, und es blieben Sümpfe, die inzwischen entwässert wurden. Der Granitberg ist Fundort prähistorischer Knochen von Rentieren, Mammuts, Nashörnern aber auch von Feuersteinwerkzeugen. In der Keltenzeit muss sich hier ein bedeutender *Kultort* befunden haben. Die Legende erzählt, dass später der Erzengel Michael hier den Teufel bekämpft habe. Abdrücke im Fels dokumentieren diesen Kampf angeblich bis heute. Atemberaubend ist der **Rundblick** vom Gipfel aus, man überblickt die Küste, den Mont-St-Michel, den Austernort Cancale und die Polderlandschaft des ehemaligen Sumpfgebietes.

Praktische Hinweise

Information: Office de Tourisme, 3, Grande Rue, Tel. 02 99 48 15 37, Fax 02 99 48 14 13, Internet: www.pays-de-dol.com

Hotels

** **De Bretagne**, 17, pl. Chateaubriand, Dol-de-Bretagne, Tel. 02 99 48 02 03, Fax 02 99 48 25 75, E-Mail: hotel@destinationbretagne.com. Hotel und Restaurant mit traditionsreicher und preiswerter Küche, im Familienbesitz.

** **De Bretagne**, Le Vivier-sur-Mer, Tel. 02 99 48 91 74, Fax 02 99 48 81 10. Hotel und Restaurant 7 km nördlich von Dol direkt an der Küste. Vom Speisesaal aus traumhafter Blick über die Wattlandschaft und bei Niedrigwasser bis zu den Muschelzäunen; ausgezeichnete Küche mit viel Fisch und Meeresfrüchten.

** **La Bresche Artur**, 36, bd. Demillac, Dol-de-Bretagne, am Ortsausgang an der Straße nach Pontorson, Tel. 02 99 48 01 44, Fax 02 99 48 16 32, E-Mail: lareception@labrescheartur.com. Angenehmes Hotel und gehobene Küche

6 Mont St-Michel

Bergklosteranlage aus dem 10.–13. Jh. auf einer Insel im Wattenmeer.

Das bedeutende Werk mittelalterlicher Klosterbaukunst steht nicht auf bretonischem Boden, sondern gehört, da ein paar Meter östlich des Grenzflusses Couesnon gelegen, bereits zur Normandie. Der Berg, bei Flut vom Meer umgeben, lag einst in einem Wald und blieb nach einer Sturmflut zu Beginn des 8. Jh. als Insel zurück. Sie wurde erst später durch einen Damm mit dem Festland verbunden. Der Tidenhub beträgt an dieser Stelle maximal 14 m; aufgrund der Flachheit der Bucht zieht sich das Meer bei Ebbe sehr weit zurück, sodass sich dann der knapp 80 m hohe Mont St-Michel (Mai–Sept. tgl. 9.30–17 Uhr, sonst bis 16.30 Uhr) über einer weißgrauen Sandfläche erhebt.

<u>Geschichte</u> Der Legende nach verdankt das Kloster seine Entstehung dem Traum des im 7. Jh. im benachbarten Avranches residierenden *Bischofs Aubert*. Der Erzengel Michael gebot dem Bischof ihm zu Ehren auf dem Felsen, der zuvor als heidnische und frühchristliche Gebetsstätte diente, ein Bauwerk zu errichten. Aubert gehorchte, ließ sich vom Monte Gargano in Apulien die einschlägigen Reliquien

---

Die Bucht des Mont St-Michel: Salzlämmer, Muschel- und Austernzucht

Die Dörfer um die Bucht des Mont St-Michel sind einerseits noch agrarisch, andererseits meereswirtschaftlich orientiert. Auf den Salzwiesen um den Mont St-Michel weiden Schafe, deren Lämmer das begehrte **Pré-salé***, das vorgesalzene Fleisch liefern. Die Nachfrage danach ist inzwischen so groß, dass der Bedarf nicht mehr gedeckt werden kann, bzw. manche Restaurants deutsches Salzwiesenlammfleisch von der Nordsee beziehen.*

Auf den **Poldern** *südwestlich des Mont St-Michel werden Zwiebeln, Schalotten, Knoblauch und Karotten angebaut, die wegen des sandigen Bodens von höchster Qualität sind. Diese 3000 ha wurden dem Meer Ende des 19. und Anfang des 20. Jh. abgerungen. Im Spätsommer kann man überall am Straßenrand dekorative Knoblauchzöpfe erstehen.*

Wo die Dörfer wieder direkt an die Küste stoßen, wie in le Vivier-sur-Mer oder in St-Benoît-des-Ondes, leben die Bewohner von der **Muschelzucht***. Bei Niedrigwasser erkennt man gut die weit außen im Watt stehenden Muschelzäune, über 200 km sollen sie inzwischen lang sein. Hier haben sich Miesmuscheln an Eichenholzpfählen festgebissen, bis sie nach 1 1/2 Jahren zur Marktreife herangewachsen sind.*

Verlockend und appetitlich: erntefrische Austern am Hafen von Cancale

Am Westrand der Bucht schließlich liegt Cancale, das bretonische Zentrum der **Austernzucht***. Hier wachsen auf 400 ha Fläche in den Mastparks die Austern heran. Manche Sorten wachsen tief im Meer ausgestreut auf Austernbänken, andere in Säcken verpackt auf Stellagen im Flachwasser. Die feinste und teuerste, die* **Huître plate** *oder flache Auster kommt nur noch selten vor. Häufiger ist die* **Huître creuse** *oder tiefe Auster mit einem kräftigen fleischigen Muskel. Man kann diese Delikatessen erntefrisch am Nordrand des Hafens nach Größen sortiert an der Kaimauer erstehen und verspeisen.*

Département Ille-et-Vilaine – Mont St-Michel

bringen und auf dem ehemals Monte Tombe genannten Felsen eine Kirche bauen.

Der gesamte Komplex gliedert sich in drei historisch und stilistisch deutlich voneinander unterschiedene **Bauperioden**. Der älteste Teil der heute vorhandenen Klosteranlage stammt aus dem 10. Jh. Die Normannen, die sich an der Küste niedergelassen hatten und im Verlauf des 10. Jh. die Lehnsherrschaft des französischen Königs anerkannt und sich zum Katholizismus bekehrt hatten, setzten 966 auf dem Berg Benediktiner ein. Die zweischiffige Kapelle dieser Epoche (Notre-Dame-sous-Terre) wandelte sich zur Krypta der später über ihr errichteten romanischen Abtei. Mit dem Bau der romanischen Abteikirche **St-Pierre** selbst wurde im Zuge des verstärkten cluniazensischen Einflusses Anfang des 11. Jh. begonnen.

Die im wahrsten Sinne des Wortes zugespitzte natürliche Lage erforderte eine solide Abstützung der notwendig gewordenen Erweiterungen des gesamten Baus: Unter dem südlichen Querschiff wurden die Krypta **St-Martin**, unter dem nördlichen die Krypta **Notre Dame des Trente-Cierges** als Stütze errichtet. Den Chor trägt seit dem 15. Jh. die so genannte **Krypta der dicken Pfeiler**, die exakt mit den Säulen des Chors korrespondieren. Das Kirchenschiff wurde bis 1084 errichtet, stürzte aber zum Teil wieder ein; erst Mitte des 12. Jh. war der Bau fertig gestellt. Nördlich des Kirchenschiffes schlossen sich die Klostergebäude an: das **Armenhaus**, darüber ein Wandelgang und darüber schließlich das **Dormitorium** der Mönche. Aus Dankbarkeit für die Unterstützung seines Eroberungszuges nach England durch Abt Ranulph förderte Wilhelm der Eroberer den Bau der Abtei.

Seine größte **geistige Ausstrahlung** und zugleich seinen größten Reichtum erlangte das Kloster im 12. Jh. unter Abt Robert de Torigny, als Schulen für Musik und Dichtkunst eingerichtet wurden, der Abt als Ratgeber Heinrichs II. von England fungierte und der Ort anlässlich des Friedensschlusses zum Treffpunkt der Könige von England und Frankreich, Heinrich II. und Ludwig VII., gewählt wurde.

Die zu Recht als **La Merveille**, das Wunder, bezeichneten Bauten, die nördlich an die Abtei grenzen, lassen sich hinsichtlich ihrer Entstehung dem französischen Königshaus zuordnen, das Anfang des 13. Jh. die gesamte Normandie eroberte. Philipp August finanzierte den dreigeschossigen neuen Trakt, der sich in einen Ost- und einen Westflügel gliedert. Ebenfalls aus dem 13. Jh. stammen die

Ort der Meditation zwischen Himmel und Erde – der Kreuzgang von Mont St-Michel aus dem 13. Jh. ist gekennzeichnet durch schlanke Säulen und Spitzbogenarkaden

Mont St-Michel

Der alte Klosterhügel und das Meer: Der Mont St-Michel, auf dem die berühmte Abtei entstand, ist das Produkt einer Sturmflut, die den Berg als Insel zurückließ

Befestigungsanlagen, die den Belagerungen der Engländer während des Hundertjährigen Kriegs standhielten – mit Unterstützung der Schiffe von St-Malo und der Tapferkeit des Hauptmanns Louis d'Estouteville. Die erfolgreiche Verteidigung und erste Niederlage der Engländer erhob den heiligen Berg zu einem Symbol des französischen Widerstands und zu einer Art Geburtsstätte der französischen Nation. König Ludwig XI. gründete den Orden des hl. Michael, dessen Ritter eine Kette mit einer Medaille erhielten, die den Sieg des Erzengels über den Drachen und das Motto ›Immensi tremor oceani‹ (›Schrecken des riesigen Ozeans‹) aufweist.

Besichtigung Die einfache klassizistische *Fassade* der Abteikirche **St-Pierre**, die zur herrlich gelegenen Terrasse nach Westen gerichtet ist, nimmt Elemente des romanischen Inneren auf. Der dreischiffige *Kirchenraum* imponiert durch die harmonische Proportionalität des romanischen Hauptschiffs, dessen südliche Wand den ältesten Teil darstellt. Die breiten Rundbögen fußen auf viereckigen Pfeilern mit jeweils vier Halbsäulen; darüber öffnet sich ein Laufgang mit zwei kleineren Rundbögen über jedem der vier Joche des Hauptschiffs. Die Vierung wird bekrönt von dem romanischen Glockenturm (156 m), auf dessen Spitze die goldene Figur des hl. Michael steht. Von Langhaus und Querschiff deutlich abgegrenzt ist der dreistöckige spätgotische Chor, der nach dem Einsturz des romanischen Vorgängerbaus Ende des 15. Jh. errichtet wurde und mit seinem prächtigen Triforium, neun Kapellen und einer siebenfächrigen Apsis als eine der schönsten Choranlagen in Frankreich gilt.

Die nördlich der Kirche gelegenen Abteigebäude **La Merveille** bilden nicht nur ihrer Lage nach einen Höhepunkt der Besichtigung. Sie zeigen stilistisch den Einfluss der Hochgotik der Île de France. Der Ostflügel dieses Trakts beherbergt zuunterst den **Almosensaal**, darüber den sehr schönen, eleganten **Gästesaal**, der von einer Reihe schlanker Säulen in der Mitte zweigeteilt wird, sowie im obersten Geschoss das beeindruckende

Département Ille-et-Vilaine – Mont St-Michel / St-Malo

einschiffige **Refektorium** mit getäfeltem Tonnengewölbe. Licht fällt durch die hohen, von kleinen Säulen eingefassten Fenstern. Westlich erhebt sich über dem Keller der dreischiffige **Rittersaal** sowie zuoberst der in seiner Leichtigkeit imponierende **Kreuzgang** aus den Jahren 1225–28, dessen Mauern über den Fels hinausragen. Die 272 kleinen schmalen Granitsäulen sind gegeneinander versetzt angeordnet, um den hohen hölzernen Dachstuhl zu stützen. Die Fläche zwischen den Arkaden ist mit einem ausgefallenen Dekor von pflanzlichen Motiven geschmückt.

Praktische Hinweise

Information: Office de Tourisme, am Eingang zum Berg, Tel. 02 33 60 14 30, Fax 02 33 60 06 75, Internet: www.normandy-tourism.org

Hotels

** **Terrasses Poulard**, Tel. 02 33 89 02 02, Fax 02 33 60 37 31, Internet: www.terrasses-poulard.com. Renommiertes Hotel auf der Insel mit schönem Blick.

* **Du Guesclin**, Tel. 02 33 60 14 10, Fax 02 37 60 45 81. Kleineres Hotel mit etwas günstigeren Preisen.

Du Mouton Blanc, Tel. 02 33 60 14 08. Gasthof mit Fremdenzimmern auf der Insel.

7 St-Malo

Alte Korsarenstadt mit der schönsten Ville close der Bretagne.

Die Stadt an der Mündung der *Rance* verdankt ihre jahrhundertelange Bedeutung als wichtigste Hafenstadt der bretonischen Kanalküste und auch ihre heutige Rolle als bedeutendes Zentrum des Fremdenverkehrs ihrer einmaligen Lage. Die allseits von Wasser umgebene *Ville close*, jener Typ der von Mauern gesäumten Altstadt, trägt zu Recht den Beinamen ›steinerne Krone über den Fluten‹ (Flaubert). Von der Ferne bietet sie das Bild einer vollständigen optischen Einheit: Häuser und Mauern sind durchweg aus dem grauen Granit der Region und bilden nach einem Wort Chateaubriands eine ›granitene Zelle‹. Dennoch ist das

32

St-Malo

Von Wasser und wehrhaften Mauern umgeben: die Seefahrer- und Hafenstadt St-Malo

meiste, was man heute sieht, nicht alt. Im Zweiten Weltkrieg wurde St-Malo bei Luftangriffen zu 80 Prozent zerstört, anschließend jedoch komplett im klassizistischen Stil des 18. Jh. wieder aufgebaut. Der alte Eindruck einer gleichermaßen wohlhabenden wie wehrhaften Seefahrerstadt, die sich nach außen durch die hohe Stadtmauer und die streng wirkenden vier- bis fünfstöckigen Häuser der Kaufleute und Reeder abschirmt, blieb so erhalten. Er mag sich durch den einheitlichen schlichten Stil der Restaurierung sogar noch verstärkt haben.

Geschichte Im 6. Jh. missionierte in dieser Küstenregion der Einsiedlermönch und später heilig gesprochene Bischof Maclou oder Malo. Der Ort mit seiner frühen Kathedrale befand sich auf der Halbinsel Aleth, im heutigen Vorort St-Servan. Die Altstadt verdankt ihre Entstehung den Angriffen der Normannen, vor denen sich die Bewohner der Gegend auf die besser zu verteidigende Halbinsel, die spätere Ville close, zurückzogen. In den nachfolgenden Jahrhunderten wurden die Verteidigungsanlagen zu einer uneinnehmbaren Festung ausgebaut. Sie erlaubte den Bewohnern, in allen späteren Auseinandersetzungen eine sichere und autarke Position zu bewahren. Im 16. Jh.

erreichte man zeitweise sogar die völlige Unabhängigkeit, rief eine eigene Republik aus und verhandelte mit anderen Seemächten. Vom 17. bis zum 19. Jh. machten sich viele Malouins einen Namen als Korsaren. Ausgestattet mit einem vom französischen König ausgestellten Kaperbrief, machten sie die Meere unsicher und setzten der englischen sowie der holländischen Handelsflotte schwer zu. Allein zwischen 1672 und dem Ende des 17. Jh. wurden 1400 feindliche Schiffe gekapert. 1655 entschied Ludwig XIV. sogar, dass die Kapitäne der königlichen Flotte einzig aus den Reihen der Bewohner St-Malos rekrutiert werden sollten.

Besichtigung Die mächtige Stadtmauer aus dem 12. Jh., die der Festungsarchitekt Vauban im 17./18. Jh. ausbaute, umgibt die **Ville close** vollständig. Sie blieb trotz des Bombardements im Zweiten Weltkrieg erhalten. Ein Rundgang dauert etwa eine Stunde und führt von der mächtigen **Porte St-Vincent** ❶ (15. Jh.) entlang dem gleichnamigen Kai, an dem die Segelboote festmachen, vorbei an der **Grande Porte** ❷ zur **Bastion St-Louis** ❸, wo die Bronzestatue des Korsaren Duguay-Trouin steht. Westlich an der **Porte de Dinan** ❹ befindet sich hinter dem Tor das Wohn-

Département Ille-et-Vilaine – St-Malo

Ziel vieler Besucher – im Zentrum von St-Malo laden Cafés und Restaurants zur Rast

haus des Korsaren Surcouf. Schöne Ausblicke auf das Meer bieten die **Bastion St-Philippe** ❺ und **Bastion de la Hollande** ❻ mit der Statue von Jacques Cartier, der im 16. Jh. als erster den kanadischen St.-Lorenz-Strom befuhr. Unterhalb führt eine Treppe zum Strand, von dem man bei Ebbe über einen Pfad auf die der Stadt auf Meeresseite vorgelagerte **Île du Grand Bé** ❼ gelangt. Auf einem Hügel befindet sich hier das Grab des berühmtesten Sohnes der Stadt. Der Dichter und Politiker François René de Chateaubriand wollte »nichts als Wind und Meer hören«, wie eine Aufschrift erklärt. Gegenüber der nordöstlichen **Porte St-Thomas** ❽ liegt das von Vauban errichtete Fort National (1689).

An der Stelle, die als einzige eine Verbindung mit dem Festland hält, errichteten die bretonischen Herzöge im 15. und 16. Jh. das machtvolle viertürmige **Château** ❾. Der älteste noch in die Stadtmauer integrierte Teil stammt aus dem 14. Jh. Unter Herzog Jean V. und Herzogin Anne erfolgte der Bau des größten Teils der Anlage, die heute in ihren Mauern das *Rathaus* der Stadt birgt.

Im mächtigen **Grand Donjon** der Burg ist das interessante **Musee d'Histoire** (April–Sept. tgl. 10–12, 14–18 Uhr, Okt.–März nur Di–So) untergebracht. In

Stolze Herren errichteten den Grand Donjon des Château von St-Malo

den alten Sälen wird die Geschichte St-Malos und ihrer Helden bis zur Zerstörung der Stadt im 20. Jh. und der Phase des Wiederaufbaus dokumentiert. Neben den bereits erwähnten Seefahrern und Korsaren gehörten dazu u. a. auch der Philosoph Le Mettrie (1709–1751) sowie der Mathematiker und Astronom Maupertuis (1698–1759). Im kleineren **Tour Quic-en-Groigne**, dessen Name sich von dem Spruch ableitet, den Herzogin Anne als Ausdruck ihrer Macht anbringen ließ (»Mag auch einer grollen, so wird es sein, denn es ist mein Wille«), befindet sich ein *Wachsfigurenkabinett* (April–Sept. tgl. 10–12, 14–16 Uhr).

Gegenüber der Burg führt von der Place de Chateaubriand die gleichnamige Gasse in das Innere der Altstadt. Das Gebäude Nr. 3, das aus dem 17. Jh. stammt, ist das **Maison Natale de Chateaubriand** ⑩, das Geburtshaus des berühmten Dichters. Von hier führt ein markierter *Rundweg* zunächst durch die schmalen Gassen du Pélicot, Vincen-de-Gournay und Mahé-de-la-Bourdonnais, in denen noch einige alte Holz- und Granitgebäude erhalten sind.

Die **Cathédrale St-Vincent** ⑪ ist im Zweiten Weltkrieg teilweise zerstört worden. Der Bau wurde im 12. Jh. romanisch begonnen, einen Gegensatz dazu bildet der lichte gotische Chor mit seinen modernen Glasfenstern. Die Kathedrale war erst im 18. Jh. fertig gestellt, der neogotische Turm kam gar erst im 19. Jh. dazu.

Praktische Hinweise

Information: Office de Tourisme, Esplanade St-Vincent (vor der Stadtmauer), Tel. 02 99 56 64 48, Internet: www.saint-malo-tourisme.com

Hotels

** **La Pomme d'Or**, 4, pl. du Poids-du-Roi, Tel. 02 99 40 90 24, Fax 02 99 40 58 31. Gepflegtes kleines Hotel mit empfehlenswerter Küche, innerhalb der Ville close.

** **Le Jean Bart**, 12, rue de Chartres, Tel. 02 99 40 33 88, Fax 02 99 56 98 89. Hotel garni innerhalb der Ville close an der Grande Porte. Von einigen Zimmern herrlicher Blick über die Stadtmauer auf den Hafen.

Restaurants

A la Duchesse Anne, 5, pl. Guy-La-Chambre, Tel. 02 99 40 85 33. Spitzen-restaurant mit entsprechenden Preisen und alter Einrichtung neben der Porte St-Vincent.

Le Franklin, 4, Chaussée du Sillon, Tel. 02 99 40 50 93. Ausgezeichnetes Restaurant mit moderaten Preisen und herrlichem Blick aufs Meer, mit Sonnenuntergang beim Abendessen.

Pen Duick, 93, Bd. de Rochebonne, im Hotel Alpha Océan, Tel. 02 99 56 48 48, Fax 02 99 40 58 29. Gute und preiswerte Küche.

Camping

Cité d'Alet, St-Servant, Tel. 02 99 81 60 91.

Die Kraft der Gezeiten

Zwischen St-Malo und Dinard, kurz vor der Mündung der **Rance***, befindet sich innerhalb eines 750 m langen Dammes über dem Fluss das erste* **Gezeitenkraftwerk** *der Welt (frz. Usine marémotrice). Der Standort ist geradezu ideal an einem Ort mit maximalen Gezeitenunterschieden von 13,5 m, die zu den höchsten der Welt gehören. Da die Rance ebenso wie viele andere bretonische Flüsse einen* **Mündungstrichter** *ausgebildet hat, in den bei Flut das Meerwasser kilometerweit hineinfließt, besteht hier ein natürliches Staubecken. Der ein- und ausfließende Gezeitenstrom treibt die* **24 Rohrturbinen** *des Gezeitenkraftwerkes an, sie wiederum treiben Generatoren an, die den elektrischen Strom erzeugen.*

Das Kraftwerk ging 1966 nach sechsjähriger Bauzeit in Betrieb und produziert heute etwa 8% der in der Bretagne verbrauchten elektrischen Energie (600 Mio kWh). Da die Turbinen nur während auflaufender Flut und abfließender Ebbe angetrieben werden und das Kraftwerk deshalb nicht gleichmäßig Strom liefern kann, wurde es an das **Verbundnetz** *der Wärme-, Wasser- und Atomkraftwerke angeschlossen. Die hohen Gezeitenunterschiede, besonders der bretonischen Nordküste, erklären sich aus der* **Stauwirkung** *der normannischen Cotentin-Halbinsel im Osten, die den zweimal täglich um die Erde wandernden Flutbergen im Wege liegt und sie deshalb aufstaut.*

Im Osten von Côtes-d'Armor – zur romantischen Smaragdküste

Von der Pointe du Grouin nördlich Cancale über St-Malo, die Rancemündung, Dinard und das **Cap Fréhel** bis le Val-André verläuft die Côte d'Emeraude, die wegen ihrer Wasserfarbe so benannte Smaragdküste. Die Gezeitenunterschiede gehören hier zusammen mit den westlichen Abschnitten der bretonischen Nordküste zu den höchsten der Welt. Eine Steilküste mit bizarren Felsvorsprüngen wie am Cap Fréhel und am **Cap d'Erquy** wechselt hier mit ausgedehnten, feinen Sandstränden. Zahlreiche Badeorte und malerische Städtchen am Oberlauf der fjordartigen Flussmündungen wie das alte **Dinan**, das etwas beschaulichere **Lamballe** oder das Bergstädtchen **Moncontour** geben der Landschaft ihre kulturelle Prägung.

8 Château de Caradeuc

Barockschlösschen mit sehenswerter Gartenanlage.

Das kleine barocke Château de Caradeuc gut 20 km südlich von Dinan (D 2, D 68, D 20) liegt am Fuß eines von dem alten Festungsstädtchen Bécherel bekrönten Hügels in reizvoller Lage, genau an der Grenze zwischen den Départements Ille-et-Vilaine und Côtes-d'Armor. Das Schloss wurde 1723 vom damaligen Besitzer, dem Ratsherrn des bretonischen Parlaments, Anne-Nicolas de Caradeuc, errichtet. Sein Sohn, Louis-René La Chatolais, Generalprokurator am bretonischen Parlament, fiel, nachdem er die Entmachtung des Jesuitenordens in der Bretagne erfolgreich betrieben hatte, einer politischen Intrige zum Opfer und war zeitweise verbannt, wurde aber später von Ludwig XVI. wieder rehabilitiert. Das Schloss selbst befindet sich in Privatbesitz und ist nicht zu besichtigen.

Das schmale Gebäude wird von einem kunstvoll angelegten **Garten** (April–Mitte Sept. tgl. 10–19 Uhr, Mitte Sept.–Okt. tgl. 14–18 Uhr, Nov.–März Sa/So 14–18 Uhr) im französischen Barockstil umgeben, der ihm den Beinamen ›Versailles der Bretagne‹ eingebracht hat. Die rückwärtig an das Gebäude anschließende Partie wird von mehreren Terrassen gebildet. Von hier bietet sich ein sehr schöner Blick auf die Rance und die weite Felderlandschaft der Umgebung. Der **Park**, der sich in Verlängerung des Hauptgebäudes in zwei Richtungen erstreckt, ist von zahlreichen Statuen bevölkert und präsentiert mit seinen gepflegten Rabatten und grünen Rondellen eine äußerst anmutige Szenerie.

9 Dinan

Die mittelalterliche Stadt ist die Heimat des Nationalhelden Bertrand du Guesclin.

Dinan ist eine der schönsten und besterhaltenen mittelalterlichen Städte der Bretagne, die wie viele andere in Küstennähe oberhalb eines tiefen Flusstals auf einem Plateau liegt. Durch einen kleinen Hafen zu ihren Füßen hält sie die Verbindung mit dem mehr als 20 km entfernten Meer aufrecht. Hier legen täglich die Ausflugsschiffe aus St-Malo und Dinard an. Die sehenswerten Fachwerkhäuser haben vorstehende Etagen, teils bilden sie so im Erdgeschoss schützende Arkaden.

<u>Geschichte</u>   Dinan erlangte im 11. Jh. unter den Lehnsherrn von Dinan, deren Herrschaft sich zwischen der Rance und der weiter östlichen *Arguenon* erstreckte, Bedeutung. Nach der Inbesitznahme der Bretagne durch den normannischen Herzog Wilhelm beteiligten sie sich an der Eroberung Englands im Jahr 1066; ihre

Dinan

Nachkommen erlangten dort unter dem Namen Dynham die Peerswürde. Im 13. und 14. Jh. war Dinan die bevorzugte Residenz der bretonischen Herzöge, die hier ihre Münzen prägen ließen. Im 14. Jh. musste die Stadt etliche Belagerungen durch die Engländer über sich ergehen lassen. Der Hundertjährige Krieg zog die Bretagne nicht nur wegen ihrer Nähe zu den britischen Inseln besonders in Mitleidenschaft, sondern tobte sich hier zugleich als spezifisch bretonischer Erbfolgekrieg zwischen den verfeindeten Häusern Blois und Montfort aus. 1357 fand in Dinan auf der heutigen Place du Guesclin der berühmte *Zweikampf* zwischen Bertrand du Guesclin und dem englischen Ritter Canterbury statt, der eine der vielen Auseinandersetzungen entschied und die Belagerung durch die Engländer beendete. Eine Blütezeit erlebte Dinan im 18. Jh., als es sogar St-Brieuc an Größe und Bedeutung überragte. Heute lebt das beliebte Ausflugsziel vor allem vom Tourismus.

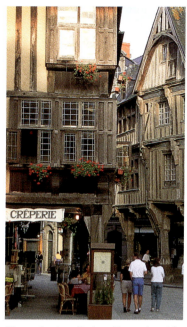

Dinan mit seinen Fachwerkbauten hat sich mittelalterlichen Charme bewahrt

Besichtigung Als Ausgangspunkt für einen Rundgang durch die Altstadt emp-

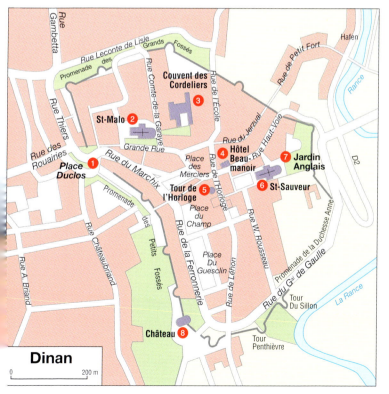

Im Osten von Côtes-d'Armor – Dinan

fiehlt sich die zentrale **Place Duclos** ❶. Von hier führt die schmale **Grande Rue** mit einer Reihe eleganter granitener Wohnhäuser aus dem 17. Jh. zu der spätgotischen Kirche **St-Malo** ❷. Sie wurde im 15. Jh. an der Stelle eines romanischen Vorgängerbaus aus dem 11. Jh. errichtet, den Olivier von Dinan den Mönchen von St-Malo als Schutz vor normannischen Überfällen bauen ließ. Das heutige fünfjochige Hauptschiff wurde jedoch nach den Verwüstungen während der Religionskriege erst in der Mitte des 19. Jh. komplett erneuert. Sehenswert ist der erhaltene dreistöckige *Chor* aus dem 15. Jh., der dem der Abtei auf dem Mont St-Michel nachgebildet ist. Östlich der Kirche liegt das ehemalige Franziskanerkloster **Couvent des Cordeliers** ❸ von dem noch der Kreuzgang und der Kapitelsaal erhalten sind. Heute ist dort eine Schule untergebracht.

Die Rue de l'Apport führt zum historischen Kern der Altstadt, der pittoresken, von ansehnlichen Fachwerkbauten umstandenen **Place des Merciers**. Berühmt sind die pittoresken Fachwerkhäuser, deren auf Holzpfeiler gestützte Arkaden die Fußwege überdachen.

Ein paar Schritte entfernt in der Rue Haute-Voie steht das ehemalige **Hôtel Beaumanoir** ❹ aus dem 16. Jh., das wichtigste Renaissancegebäude der Stadt. Der 60 m hohe **Tour de l'Horloge** ❺ in der Rue de l'Horloge stammt aus dem 15. Jh., die Glocke ist ein Geschenk von Anne de Bretagne an die Stadt aus dem Jahr 1507.

Etwas unterhalb der Rue de l'Horloge gelangt man zu der von Lindenbäumen bestandenen, leicht abschüssigen Place St-Sauveur. An seiner Ostseite erhebt sich mit der 1120 errichteten Kirche **St-Sauveur** ❻ das interessanteste Bauwerk der Stadt. Ein Ritter namens Rivallon Le Roux ließ sie in Erfüllung eines zuvor gegebenen Gelübdes nach seiner Rückkehr von einem Kreuzzug erbauen. Von dem ursprünglich romanischen Bau blieb der untere Teil der *Westfassade* erhalten; ein Dreifachportal wird von einem Löwen und einem Stier, den Symbolen der Evangelisten Markus und Lukas überragt; auch das schlichte *südliche Seitenschiff* ist romanisch. Der Rest der Kirche wurde im 15. und 16. Jh. gotisch erneuert. Abgeschlossen wurde der Bau mit der Errichtung des prächtigen barocken *Glockenturms* im Jahr 1666. Im **Innern** begrenzt die schlichte, nur durch Arkaden gegliederte romanische Südwand das asymmetrische Hauptschiff, während

Dinan

◁ An malerischen Ufern: Im Tal der Rance liegt der kleine Hafen von Dinan, den man von der Oberstadt gut überblicken kann

nördlich ein Seitenschiff mit fünf Kapellen aus dem 15. Jh. den ursprünglichen Raumkörper erweitert. Von der Innenausstattung ist vor allem ein 800 Jahre altes *Taufbecken* hervorzuheben, das in der ersten nördlichen Seitenkapelle steht. Im nördlichen Teil des Querschiffs erhebt sich ein im 19. Jh. restaurierter *Kenotaph*, in dem das Herz von Bertrand du Guesclin aufbewahrt wird. Der hohe Chor aus dem 16. Jh. wird von zwölf Säulen umgeben, die die mit einer Brüstung versehene Empore tragen. Der Hochaltar stammt aus dem Anfang des 18. Jh.

Hinter der Kirche bietet der auf einer Terrasse angelegte **Jardin Anglais** ❼ einen schönen Blick auf die Rance, den modernen *Viadukt* und den *Hafen* von Dinan. Der Garten ist Teil der Befestigungsanlagen, die die Stadt vollständig umgeben. Der Weg auf den Befestigungsmauern, die **Promenade de la Duchesse Anne**, führt südlich an der *Tour du Sillon* und *Tour Penthièvre* vorbei

Ungeliebter bretonischer Held – Bertrand du Guesclin

*Obwohl er **Konnetabel**, also oberster Feldherr des französischen Königs war, ist Bertrand du Guesclin bis heute in der Bretagne nicht so richtig anerkannt. Er kämpfte nämlich aus bretonischer Sicht auf der falschen Seite, insbesondere im **bretonischen Erbfolgekrieg** (1341–64), wo er den französischen Anwärter auf den bretonischen Herzogsthron, Charles de Blois unterstützte. Der bretonische Bewerber Jean de Monfort hatte die Engländer hinter sich, es fand nämlich gleichzeitig der Hundertjährige Krieg zwischen England und Frankreich statt, in dem du Guesclin viele erfolgreiche Schlachten für Frankreich schlug.*

*Die Karriere des großen Feldherrn, der im heute nicht mehr existenten Schloss von la Motte-Broons nahe **Dinan** geboren wurde, begann 1337 auf einem Ritterturnier in **Rennes**, wo der Jüngling auf einem Ackergaul mit geliehener Rüstung erfahrene Kämpfer besiegte. Im bretonischen Erbfolgekrieg befreite er Rennes von den bela-*

gernden Truppen des Montfort, außerdem gelang es ihm, die Belagerung Dinans durch die Engländer zu beenden. Du Guesclin fiel schließlich im Jahre 1380 im Süden Frankreichs. Er ist an vier Orten des Landes beigesetzt: die Eingeweide in Le Puy, das Fleisch in Montferrand, das Skelett in St-Denis bei Paris in der Königsgruft und das Herz in Dinan in der Kirche St-Sauveur. Selbst Könige besaßen im Mittelalter in der Regel nur drei verschiedene Grabstätten.

*Auf der Place du Guesclin in Dinan steht ein monumentales **Reiterstandbild** des Helden, das an seinen berühmtesten Zweikampf erinnert: 1359 besiegte er hier den englischen Ritter Canterbury, der einen vierzigtägigen Waffenstillstand gebrochen und du Guesclins Bruder Olivier entführt hatte. Der Sieg über den Engländer brachte ihm nicht nur viel Ruhm, sondern auch die Liebe der schönen Tiphaine Raguenel aus Dinan ein, die er kurz darauf ehelichte.*

Im Osten von Côtes-d'Armor – Dinan / Dinard

zum **Château** ❽ von Dinan, das von den bretonischen Herzögen im 14. und 15. Jh. erbaut und zeitweise bewohnt wurde. Im Donjon der 34 m hohen imposanten Burg, die sich auf der Außenseite an die Stadtmauer anschließt, zeigt das **Musée d'Art et d'Histoire du Pays de Dinan** (Juni–Mitte Okt. Mi–Mo 10–18.30 Uhr, März–Mai und Mitte Okt.–Mitte Nov. 10–12, 14–17 Uhr, Mitte Nov.–Dez. 13.30–17.30 Uhr) Exponate und Dokumente zu Geschichte, Kunst und Kunsthandwerk der Stadt ab dem 17. Jh.

Praktische Hinweise

Information: Office de Tourisme, 9, rue du Château, Tel. 02 96 87 69 76, Fax 02 96 87 69 77, Internet: www.dinan-tourisme.com

Schiffsausflüge auf der Rance nach St-Malo und Dinard

Hotels

*****D'Avaugour**, 1, pl. Champ Clos, Tel. 02 96 39 07 49, Fax 02 96 85 43 04, E-Mail: avaugour.hotel@wanadoo-fr. Altstadthotel mit erstklassigem Gartenrestaurant an der Stadtmauer.

****Arvor**, 5, rue Pavie, Tel. 02 96 39 21 22, Fax 02 96 39 83 09, Internet: www.destination-bretagne.com. Hotel in einem ehemaligen Jakobinerkonvent mitten in der Altstadt, gegenüber dem Tourismusbüro.

** **De la Tour de l'Horloge**, 5, rue de la Chaux, Tel. 02 96 39 96 92, Fax 02 96 85 06 99. Kleines Hotel in einem Haus des 18. Jh. im Herzen der Altstadt.

Restaurants

Chez la Mère Pourcel, 3, pl. des Merciers, Tel. 02 96 39 03 80. Feines altes Restaurant in einem der schönsten Fachwerkhäuser der Stadt (15. Jh.).

Crêperie des Artisans, 6, rue du Petit Fort, Tel. 02 96 39 44 10. Crêpes und Galettes mit fantasievollen Füllungen, stimmungsvolles Gastzimmer mit Blumenarrangements auf alten Holztischen.

La Caravelle, 14, pl. Duclos, Tel. 02 96 39 00 11. Hotel und Restaurant mit sehr feiner Küche im Zentrum.

❿ Dinard

Traditionsreiches Seebad.

Dinard liegt gegenüber St-Malo an der Mündung der Rance noch im Départe-

Dinard

Pack' die Badehose ein! – Die ausgedehnten Sandstrände von Dinard haben im Sommer nahezu magnetische Wirkung

Was täglich ins Netz geht – Krustentiere gehören zu den Spezialitäten der Bretagne

ment Ille-et-Vilaine. Verglichen mit den meisten anderen Seebädern der Bretagne besitzt die Stadt einen mondänen, eleganten Touch und einen Hauch jenes Charmes, der der Belle Époque Anfang des 20. Jh. zugeschrieben wird. Von den flachen Hängen, die die weite Hauptbucht von Dinard umschließen, überblicken zahlreiche Villen den Strand und das Meer; die mediterrane Vegetation verleiht dem Ort ein überraschend südländisches Flair, denn dank des Golfstroms genießt Dinard ein mildes Klima und hat fast das ganze Jahr über Saison.

Die **Entwicklung** zu einem der ersten Seebäder der Küste setzte erst in der Mitte des 19. Jh. ein, als die Engländer den Fischerort als *Sommerfrische* entdeckten und sich in den folgenden Jahrzehnten hier niederließen. Noch heute stellen sie mit den Deutschen die größte ausländische Urlaubergruppe; nebenbei gründeten sie hier den ersten Tennisklub auf französischem Boden. 1859, im Zweiten Kaiserreich, wurde die erste Badeanstalt des Ortes am Plage de l'Écluse errichtet, kurz darauf das Grand Hôtel, das in sehr schöner Lage über dem kleinen Hafen am Hang thront. 1866 öffnete ein *Spielkasino* seine Pforten. Neueren Ursprungs sind

Im Osten von Côtes-d'Armor – Dinard, St-Lunaire, St-Briac, St-Cast-le-Guildo

Wilde Schönheit: farbenkräftige Heidekrautfelder mit gelben Blumentupfen an der Steilküste von Cap Fréhel – ein faszinierendes Schauspiel der Natur

ein Kongresspalast und ein geheiztes Meerwasserschwimmbecken.

Die moderne, aus rechtwinkligen Straßenzügen bestehende **Innenstadt** von Dinard durchzieht in Süd-Nord-Richtung der Boulevard Féart. Er führt zum Mittelpunkt und lebendigsten Platz des Ortes, dem Hauptstrand, der weit geschwungenen **Plage de l'Écluse**, die sich unterhalb des Spielcasinos und des modernen Kongresspalastes erstreckt.

Ruhiger ist die westlich in der nächsten Bucht gelegene **Plage de St-Énogat**. Östlich führt der Weg über einen Felsdurchbruch zur **Pointe de Moulinet**, von der sich der beste Ausblick auf St-Malo bietet. Auf dem Weg um diese Landspitze herum gelangt man zu einem hübschen kleinen **Hafen** und der **Promenade du Clair de Lune** (Mondscheinpromenade). Oberhalb thronen auf dieser steilen Küstenseite die schönsten Villen von Dinard, darunter das prächtige **Grand Hôtel**. Die Promenade selbst ist mit ihrer artenreichen südländischen Vegetation und den weiten Ausblicken eine echte Attraktion. Weiter südlich erreicht man schließlich den dritten Strand von Dinard, die **Plage du Prieuré**.

Ausflüge

An der Küste zwischen Dinard und Cap Fréhel reihen sich zahlreiche Ferienorte wie **St-Lunaire**, **St-Briac** und St-Cast-le-Guildo aneinander, die für einen Badeurlaub ideal sind. Während der französischen Ferien Ende Juni bis Ende August herrscht hier allerdings großer Trubel.

St-Cast-le-Guildo ist bereits seit Anfang des 20. Jh. als Badeort beliebt und wartet unterhalb der gleichnamigen Pointe mit einer Reihe von schönen Stränden auf. Die *Grande Plage* z. B. liegt in einer idyllischen Parkanlage. Am Nordende befindet sich der Fischer- und Jachthafen mit einer Segelschule. Im 6. Jh. soll der irische Mönch Cado hier eine Einsiedelei gegründet haben.

Praktische Hinweise

Information: Office de Tourisme, 2, bd. Féart, am Platz vor der Plage de l'Écluse, Tel. 02 99 46 94 12, Fax 02 99 88 21 07, Internet: www.ville-dinard.fr

Hotels

**Altair, 18, bd. Féart, Tel. 02 99 46 13 58, Fax 02 99 88 20 49. Sehr gemütliches familiäres Hotel, gute Küche, Logis de France.

** La Vallée, 6, av. George V., Tel. 02 99 46 94 00, Fax 02 99 88 22 47, Internet: www.dinard-hotel-plus.com. Hotel mit Restaurant, direkt am Hafen gelegen.

** Printania, 5, av. George V., Tel. 02 99 46 13 07, Fax 02 99 46 26 32, Internet: www.printaniahotel.com. Traditionell bretonisch möbliertes Hotel in Hanglage über dem Hafen. Das Restaurant bietet fantasievolle Fischzubereitungen, große Auswahl an Meeresfrüchten, moderate Preise.

Restaurant

Le Chateaubriand, Tel. 02 99 46 44 44. Schiffsrestaurant am Hafen der Barrage de la Rance (neben Gezeitenkraftwerk), kulinarische Kreuzfahrten von etwa 3 Stunden Dauer.

11 Cap Fréhel, Erquy und le Val-André

Wildromantische Felsküste, einer der landschaftlichen Höhepunkte der Nordküste.

TOP TIPP Das weit nach Norden in den Kanal hineinragende **Cap Fréhel** zieht vor allem während der sommerlichen Hauptsaison zahlreiche Besucher an, die über die kargen Heidekrautflächen in Richtung Felsküste wandern, um von dort die herbe Schönheit der Smaragdküste und den Anblick des sich an den Felsen brechenden Meeres zu genießen. Die Steilküste im Umkreis des Kaps fällt in schwindelerregende Tiefen über 70 m fast senkrecht ab. Am östlichen Ende der Landzunge ragt das **Fort La Latte** (April – Sept. tgl. 10–12.30, 14.30–18 Uhr, Okt.–März Sa/So/Fei 14–18 Uhr) ins Meer hinaus und beherrscht in traumhafter Lage die Bucht de la Fresnaye. Im 13. und 14. Jh. von den Herren Goyon-Matignon errichtet, wurde die Festung unter Ludwig XIV. verstärkt. Drei Türme stammen aus dem 14. Jh., der die Anlage überragende Donjon wurde 1341 erbaut.

Etwa 8 km weiter westlich (D 34A) liegt an einem flachen Küstenabschnitt der etwas skurril wirkende Hotel- und

In friedlicher Ruhe – das mittelalterliche Landschlösschen Château de Bienassis zwischen Cap Fréhel und le Val André ist von einem gepflegten Park umgeben

Im Osten von Côtes-d'Armor – Sables-d'Or-les-Pins, le Val-André, Bienassis

Mit diesen Kuttern werden die begehrten Jakobsmuscheln in den Hafen von Erquy gebracht

Campingort **Sables-d'Or-les-Pins** aus den 30er-Jahren des 20. Jh. mit ausgedehntem Sandstrand.

Der 10 km westlich gelegene Fischerhafen und Badeort **Erquy** erstreckt sich entlang einer weiten, sichelförmigen Bucht und kann mit einer ganzen Reihe schöner Sandstrände aufwarten. Erquy ist einer der wichtigsten Häfen für den Fang der Jakobsmuschel. Beeindruckend ist das 170 ha große *Naturschutzgebiet* rund um das dramatische **Cap Erquy**. An seiner Ostseite führen schöne Wanderwege zu mehreren wilden Sandstränden.

Etwa 10 km (D 786) weiter besitzt **le Val-André** einen der schönsten Sandstrände der gesamten Küste. Die Bucht schließt östlich der kleine Hafen Piégu ab, am Westende des Ortes liegt in einer engen Bucht der uralte Islandhafen Dahouët, der heute sowohl Fischkuttern wie Segelbooten Schutz bietet; am Kai laden einige hübsche Lokale zum Verweilen ein. Oberhalb von Val André erstreckt sich der Ortsteil **Pléneuf**.

An der Straße vom Cap Fréhel nach Val André (D 786) lohnt das mittelalterliche Schloss **Château de Bienassis** (Mitte Juni – Mitte Sept. Mo–Sa 10.30–12.30, 14–18.30 Uhr, So nur nachmittags) einen Besuch. Es wurde bereits im 15. Jh. errichtet, im 17. Jh. dann erneuert. Der Bau vermittelt einen guten Eindruck von der Struktur mittelalterlicher Landschlösser dieses Typs. Die quadratische Anlage, mit Haupt- und Seitenflügeln, Eckbastionen, Wehrgang mit Tor und einem Ehrenhof, ist von einem Wassergraben umgeben. Im Innern sind die Räume des Erdgeschosses mit alten bretonischen Möbeln zu besichtigen.

Praktische Hinweise

Information: Office de Tourisme, Le riel, bd. de la mer, Erquy, Tel. 02 96 72 30 12, Fax 02 96 72 02 88, Internet: www.erquy-tourisme.com. – Office de Tourisme, rue Winston Churchill, le Val-André, Tel. 02 96 72 20 55, Fax 02 96 63 00 34, Internet: www.val-andre.com

Hotels

** **De Diane**, Sables d'Or les Pins, Tel. 02 96 41 42 07, Fax 02 96 41 42 67, Internet: www.hoteldiane.fr. Hotel mit gutem Restaurant, Logis de France.

** **Beauséjour**, 21, rue de la Corniche, Erquy, Tel. 02 96 72 30 39, Fax 02 96 72 16 30, E-Mail: hotel.beausejour@wanadoo.fr. Stilvoll eingerichtetes Hotel 100 m vom Strand mit guter Küche.

** **Grand Hôtel du Val-André**, 80, rue Amiral Charner, le Val-André, Tel. 02 96 72 20 56, Fax 02 96 63 00 24,

Internet: www.grand-hotel-val-andre.fr. Direkt am Strand gelegen, von den Zimmern und vom Restaurant aus herrlicher Meerblick.

Restaurants
Cotriade, Port de Piégu, le Val-André, Tel. 02 96 63 06 90. Weithin bekanntes Fischrestaurant der Spitzenklasse am Hafen (Reservierung empfehlenswert).

Top TIPP **La Voile d'Or**, Sables-d'Or-les-Pins, Tel. 02 96 41 42 49. Hotelrestaurant direkt an der Promenade, vorzügliche preiswerte Menüs, Meeresspezialitäten – Gourmets kommen voll auf ihre Kosten; Logis de France.

12 Lamballe

Anziehungspunkt der Stadt ist die romanisch-gotische Stiftskirche Notre Dame.

Der Name der Stadt Lamballe geht auf den hl. Pol zurück (Lan-Pol), der im 6. Jh. ein Kloster gründete, in dessen Nachbarschaft sich der Ort entwickelte. Lamballe war bis ins 15. Jh. Residenz- und Hauptstadt zunächst der Grafschaft, dann des Herzogtums *Penthièvre* und zu jener Zeit von einer Burg bekrönt sowie von einem Festungswall umgeben. 1420 ließ Herzog Jean V. den Wall schleifen, um das ehrgeizige Haus der Penthièvre in die Schranken zu weisen; 1626 ließ Kardinal Richelieu aus ähnlichen Gründen die Burg dem Erdboden gleichmachen. Lamballe ist außerdem mit einer grausigen Episode der Französischen Revolution verknüpft. Die Prinzessin von Lamballe, als Hofdame in Diensten von Marie Antoinette, wurde 1792 von der Menge in Paris geköpft, ihr Haupt anschließend durch die Straßen getragen.

Mittelpunkt der Stadt ist der lang gezogene Marktplatz **Place du Martray**, der von einer Reihe schöner Bürgerhäuser gesäumt wird. Im ältesten, dem **Maison du Bourreau** (Haus des Scharfrichters) aus dem 15. Jh. sind das Touristen-

Strenge Ordnung: das romanische Nordportal der Kirche Notre Dame von Lamballe mit seinen gleichmäßigen Stufen, Säulen und Archivolten

büro sowie zwei kleine Museen untergebracht. Das **Musée du Pays de Lamballe** (Okt.–März Mo–Sa 10–12, 14.30–17 Uhr, April–Juni und Sept. Mo–Sa 10–12.30, 14–18 Uhr, Juli/Aug. Mo–Sa 9.30–18.30, So 14–18.30 Uhr) dokumentiert mit seinen Sammlungen von Waffen, Keramik und Kostümen die Geschichte der Region. Im ersten Stock sind im **Musée Mathurin Méheut** (Juni–Sept. Mo–Sa 10–12, 14.30–18 Uhr, Febr.–Mai und Okt.–Dez. Di, Fr, Sa 14.30–17 Uhr) Werke des in Lamballe gebürtigen Malers (1882–1958) ausgestellt.

Vom Marktplatz führt die schmale Rue Notre Dame auf einen bewaldeten Höhenrücken zur Stiftskirche **Notre Dame**. Der Bau stammt ursprünglich aus dem 12. Jh. und war als Schlosskapelle in die einstige Burg der Herren von Penthièvre integriert. Heute befindet sich gegenüber der Stiftskirche unter schönen alten Bäumen ein Soldatenfriedhof. Aus der romanischen Zeit erhalten blieben das sehenswerte *Nordportal*, ein Stufenportal mit Säulen und Archivolten, sowie Teile der *Westfassade*. Im **Innern** beeindruckt vor allem das in normannischem Stil gehaltene relativ kurze Hauptschiff aus dem 13. Jh. mit den schönen, von Blattkapitellen gekrönten Pfeilern; die Seitenschiffe stammen aus dem 14. Jh. Eine Besonderheit stellt der *gotische Lettner* im rechten Seitenschiff dar, der mit der *Orgel* eine originelle Verbindung eingeht. Der Chor ist länger als das Hauptschiff, er wurde in zwei Etappen im Verlauf des 14. Jh. errichtet.

Die Kirche **St-Martin** am nördlichen Stadtrand ist die älteste von Lamballe. Auch sie wurde in mehreren Abschnitten erbaut. Eine erste Abtei war bereits 1084 gegründet worden. Die heutige Kirche stammt aus dem 15. und 16. Jh. Bemerkenswert ist das südliche, romanische *Eingangsportal*, das von einem hölzernen Vordach geschützt ist (16. Jh.).

In unmittelbarer Umgebung der Kirche liegen die ausgedehnten Ställe des 1825 gegründeten staatlichen Gestüts **Haras National** (tgl. 10.30–12.30, 14–18 Uhr), einem der größten Frankreichs. Die mehr als hundert Zuchthengste sind größtenteils bretonische Kaltblüter (Postier-Breton), robuste Arbeitspferde, und Trait-Breton. Von März bis Juli reisen sie wie die übrigen Tiere (Renn- und Dressurpferde) als Deckhengste durch die nördliche Bretagne.

Praktische Hinweise

Information: Office de Tourisme, Place du Martray, Tel. 02 96 31 05 38

Restaurant

La Tour d'Argent, 2, rue Dr. Lavergne, Tel. 02 96 31 01 37. Gute landestypische Küche.

13 Moncontour

Bergstädtchen mit der Kirche St-Mathurin.

Moncontour, knapp 20 km südwestlich von Lamballe (D 768), ist ein malerisches, auf einem Berg gelegenes altes Städtchen mit einem geschlossenen Ensemble sehenswerter **Fachwerk-** und **Granithäuser**, die sich auf dem Hügel eng zusammendrängen. Die ehemalige Festung der Herren von Penthièvre erlebte ihre Blütezeit im 13. und 14. Jh., als der Ort sogar über eine eigene Münze verfügte. Wieder war es Kardinal Richelieu, der die Machtbestrebungen der einflussreichen Familie bekämpfte und die Befestigungsanlagen wie im Fall von Lamballe schleifen ließ. Die nach dem Dorfheiligen und Schutzherrn der Kranken benannte Kirche **St-Mathurin** aus dem 16. Jh. beherrscht mit ihrer strengen klassizistischen Fassade und dem originellen Glockenturm den kleinen dreieckigen Marktplatz. Im Innern sind fünf farbenprächtige *Glasfenster* (ca. 1520–40) bemerkenswert. Sie erzählen die Geschichten Johannes des Täufers sowie der hll. Yves, Mathurin und Barbara. Besonders eindrucksvoll ist rechts das leuchtend blaue Fenster mit der Darstellung der ›Wurzel Jesse‹. Auffallend sind auch das *Taufbecken* aus dem 16./17. Jh. sowie die *Orgel* und eine *Pietà* – beide aus dem 16. Jh.

Ausflüge

Etwa 3 km südöstlich von Moncontour lohnt die auf einem Höhenzug einsam in der Landschaft stehende Kapelle **Notre-Dame-du-Haut** aus dem 14. Jh. einer Abstecher. Im 19. Jh. restauriert, strahl sie in ihrer Einfachheit durch die naiver Holzstatuen im Innern eine freundliche Intimität aus. Den hier verehrten sie ben heiligen Ärzten ist die Wallfahrt am 15. August gewidmet. Einige Kilometer weiter südlich erlaubt der **Bel Air**, mi 339 m der höchste Punkt der Gegend einen schönen Ausblick über die Landschaft.

Im Westen von Côtes-d'Armor – zu den Felsen des rosa Granit

Die breite in den Ärmelkanal hineinragende Halbinsel zwischen den Buchten von St-Brieuc und Lannion hat sich vor allem an ihrer Nordwestecke zu einer beliebten Urlaubsregion entwickelt. Während die berühmte rosafarbene Granitküste mit ihren bizarren Felsformationen und feinen Sandstränden um **Perros-Guirec** die Badeurlauber anzieht, sind im Landesinneren – in der ehrwürdigen Stadt **Tréguier** eine der bedeutendsten Kathedralen und mit den Kapellen von **St-Gonéry**, **Kerfons** und **Kermaria-an-Iskuit** – drei kleine, aber umso ausgefallenere Schmuckstücke bretonischer Kunst zu bewundern. Der 50 km lange Küstenabschnitt, der von St-Brieuc nach Paimpol und der Pointe de l'Arcouest reicht, ist verglichen mit der Côte d'Emeraude im Osten und der westlich anschließenden **Côte de Granit Rose** auch während der Saison eher ruhig. Eine Reihe meist kleinerer Badeorte wie Binic, weiter nördlich der winzige Hafen Brehec, das etwas belebtere St-Quay-Portrieux und das moderne Etables-sur-Mer bieten sich als Urlaubsstandorte an.

14 Guingamp

Stadt der ›Schwarzen Madonna‹ mit einer interessanten Kirche in einer Mischung aus Gotik und Renaissance.

Die 8 000 Einwohner zählende Stadt liegt neben der Schnellstraße, die St-Brieuc mit Morlaix verbindet, auf einer Anhöhe oberhalb des Flüsschens Trieux.

Als Ausgangspunkt eines kurzen Stadtrundgangs eignet sich die baumbestandene gemütliche **Place du Centre**, die von stattlichen Granit- und einigen älteren Fachwerkhäusern aus dem 16. Jh. umgeben ist (Nr. 31, 48). Am oberen Ende des Platzes erhebt sich das Wahrzeichen von Guingamp, der aus Blei und Granit gefertigte Renaissancebrunnen **La Plomée** aus dem Jahr 1743, dessen drei Schalen mit Widderköpfen, Delphinen und Nymphen reich verziert sind.

Eine schmale Straße an der Spitze des Platzdreiecks führt zur Kirche **Notre-Dame-de-bon-Secours** (11.–16. Jh.), die eine außergewöhnliche stilistische Kombination der Gotik und Renaissance darstellt. Sie wurde über den romanischen Resten des Vorgängerbaus im 13. Jh. errichtet, von denen noch der Hauptturm und im Innern die Arkaden im Querschiff erhalten sind. Nachdem im 16. Jh. der Südturm und das rechte Seitenschiff einstürzten, entschied man sich beim Wiederaufbau der zerstörten Partien für den neuen Stil. Die Kirche bietet nunmehr ein Doppelgesicht: Die Gartenseite präsentiert sich bereits im Stil der Renaissance, während die lange Straßenfront noch die alten gotischen Formen zeigt. Von dieser Seite betritt man das Innere durch eine *Vorhalle*, die als Andachtskapelle dient. Hier steht, von einem Kerzenmeer beleuchtet, die Statue der *Schwarzen Madonna*. Sie ist am ersten Wochenende im Juli Ziel eines großen **Pardon** – der bretonischen Form der Heiligenprozession, deren Höhepunkt ein nächtlicher Fackelzug ist.

Vom einstigen **Château**, das 1442 von Pierre II., dem Grafen von Guingamp und Sohn des bretonischen Herzogs Jean V. errichtet wurde, sind nur noch Ruinen erhalten. Von den alten **Festungsanlagen**, die die Altstadt einst völlig umringten und die im 17. Jh. der Zerstörung durch Kardinal Richelieu zum Opfer fielen, zeugen heute nur noch drei massive Rundtürme.

Im Westen von Côtes-d'Armor – Kermaria-an-Iskuit/Abbaye de Beauport

Praktische Hinweise

Information: Office de Tourisme, 2, pl. du Vally, Tel. 02 96 43 73 89

Hotel

*** **Le Relais du Roi**, 42, pl. du Centre, Tel. 02 96 43 76 62. Erstes Haus am Platz mit Restaurant und gehobener, aber bezahlbarer Küche.

15 Kermaria-an-Iskuit

Wallfahrtskapelle mit außergewöhnlichen Totentanzfresken.

Die Kapelle Kermaria-an-Iskuit (›Haus der Maria, die aus der Not hilft‹) liegt 3 km westlich von Plouha (D 21) abgeschieden in ländlicher Umgebung. Sie wurde von dem Lehnsherrn d'Avaugour nach einem Kreuzzug zu Beginn des 13. Jh. errichtet. Im 15. Jh. erfolgten Erweiterungen, im 17. Jh. wurde die Kapelle erneut um eine dreiseitige Apsis verlängert, der fünf große Fenster Licht spenden. Eine elegante kleine **Vorhalle** an der Südseite ist in den Nischen mit hölzernen polychromen Apostelfiguren ausgestattet. Sie führt ins dreischiffige **Innere**, das eine schlichte und ehrwürdige Atmosphäre ausstrahlt. Herausragend sind die **Totentanzfresken** an den Wänden des Hauptschiffes aus dem 15. Jh. Sie zeigen 47 stark stilisierte Figuren auf rotbraunem Untergrund und sind vermutlich vom Totentanz des Klosters Charmier des Innocents in Paris inspiriert. Die Reihe der Personen, voneinander jeweils durch eine Figur des Todes getrennt, beginnt mit dem Acteur, dem Schauspieler oder Autor, und folgt dann der gesellschaftlichen Hierarchie von Papst und Kaiser bis zum Dorfmusikanten, dem Bauern und einem Kind. Gleich welchen Standes – vor dem Tod sind alle gleich. Dieser hält in tänzelnder Haltung die Personen bei der Hand und nimmt sie in den bewegten und grotesk wirkenden Reigen auf.

Unter den *Statuen*, die die Wände schmücken, sind der Kruzifixus an der südlichen Wand des Hauptschiffes und eine bäuerliche Figur der Maria aus dem 13. Jh. im südlichen Querschiff als besonders eindrucksvoll hervorzuheben.

16 Abbaye de Beauport

Ruine der ehemaligen Klosteranlage.

Die noch zu einem guten Teil erhaltenen Bauten und die schöne Lage unweit der Küste machen die stimmungsvolle Ruine des ehemaligen Prämonstratenserklosters (Mitte Juni–Mitte Sept. tgl. 10–19 Uhr, sonst 10–12, 14–17 Uhr) zu einem lohnenden Ausflugsziel. 1184 hatten sich

Verträumte Idylle – die seit der Französischen Revolution von ihren Bewohnern verlassene Abbaye de Beauport ist heute als romantische Ruine ein attraktives Ausflugsziel

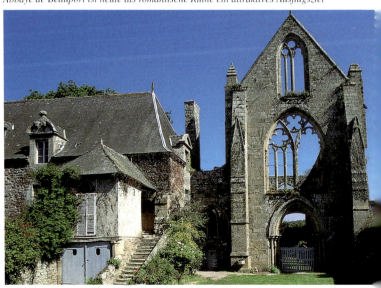

Abbaye de Beauport, Paimpol, Île de Bréhat / Tréguier

Prima Klima – die Île de Bréhat lockt mit reicher Flora und hübschen Buchten

die Prämonstratenser hier niedergelassen und an der nahen Küste zunächst einen Hafen angelegt. Der Klosterkomplex wurde dann im 13. Jh. fertig gestellt. Die wichtigsten Gebäudeteile des seit der Französischen Revolution verlassenen Klosters sind noch erhalten und strahlen in ihrem unverändert belassenen Verfallszustand einen romantischen Zauber aus.

Stimmungsvoll ist der **Kreuzgang**, in dessen Hof überwachsene Strebepfeiler im Bogen zur Außenwand des angrenzenden Kirchenschiffs führen. Vor der nördlichen Galerie schimmert durch die baumbestandene Ebene das Meer. Das Innere des quadratischen Hofes ist von Pflanzen und Gebüsch überwuchert, in der Mitte erhebt sich majestätisch eine 200 Jahre alte Esche. Östlich schließt ein etwas tiefer gelegener schöner **Kapitelsaal** mit einer polygonalen Apsis an, der den Grabstein des Abtes Pierre Huet aus dem Jahr 1450 enthält. Auch der Saal des **Refektoriums** steht noch. Am beeindruckendsten ist wohl das 50 m lange **Kirchenschiff**, von dem noch die Außenmauern, Teile des Querschiffs sowie das nördliche Seitenschiff stehen, dessen Wände in den offenen Himmel ragen.

Ausflüge

Die 3 km nördlich gelegene moderne Hafenstadt **Paimpol** wurde vor allem durch den Roman ›Die Islandfischer‹ von Pierre Loti (1850–1923) bekannt, der in romantisch-melancholischer Weise die Welt der bretonischen Seeleute beschreibt. Diesem Thema widmet sich nahe dem Hafen in der Rue de Labenne auch das **Musée de la Mer** (24. April–11. Juni und 1.–17. Sept. tgl. 15–18 Uhr, 12. Juni–Aug. tgl. 10.30–13, 14.30–18.30 Uhr) mit Dokumenten, alter Bootsausstattung und Arbeitsgerät.

Von der *Pointe de l'Arcouest*, 6 km nördlich von Paimpol, setzt man zur nur 2 km entfernten **Île de Bréhat** über, die für ihr mildes Klima, die üppige Vegetation und die rosa Felsen berühmt ist.

Praktische Hinweise

Information: Office de Tourisme, pl. de la République, Paimpol, Tel. 02 96 20 83 16, Fax 02 96 55 11 12 sowie Internet: www.abbaye-beauport.com

17 Tréguier

Zentrum der Region Trégor mit bedeutender Kathedrale und Geburtsort des Schriftstellers Ernest Renan.

Die Hauptstadt und seit alters das geistige und religiöse Zentrum der ehemaligen Grafschaft Trégor ist eine der charaktervollsten Städte der Bretagne. Ohne ein merkantiles oder industrielles Umfeld vermittelt die stille, nur an Markttagen (Mi) zu Leben erwachende kleine Stadt

Romanik und Gotik im Einklang: Cathédrale St-Tugdual in Tréguier

49

Tréguier

An seinen Einsatz für die Armen wird noch heute jedes Jahr feierlich erinnert: Prozession in Tréguier zu Ehren des hl. Yves, der 1447 heilig gesprochen wurde

nach den Worten von Ernest Renan noch immer die ruhige Atmosphäre »eines großen Klosters«.

Geschichte Tréguier, am Zusammenfluss zweier Flüsse gelegen, wurde vom walisischen Mönch Tugdual im 6. Jh. gegründet. Er ließ an der Stelle der heutigen Kathedrale ein Kloster errichten. Die Stadt wurde mit Erlaubnis des Frankenkönigs Childebert bald Bischofsstadt. An der Spitze des Bistums stand Tugdual, der zu den sieben heiligen Gründungsvätern der Bretagne gezählt wird. In der Folgezeit von Normannen zerstört, erlebte Tréguier seine eigentliche Blüte im 13. und 14. Jh. 1485 wurde hier sogar eine der ersten Buchdruckerwerkstätten Frankreichs eingerichtet. Im Hundertjährigen Krieg (1339–1453) allerdings wurde Tréguier mehrfach von den Engländern eingenommen, die 1345 Kathedrale und Stadt plünderten.

Besichtigung Die dem heiligen Gründungsvater der Stadt geweihte dreitürmige **Cathédrale St-Tugdual** beherrscht die zentrale Place du Martray. Der Bau wurde unter Einbezug von Resten der romanischen Abtei im 14. und 15. Jh. im gotischen Stil errichtet. Das imposante Innere unterstreicht die Bedeutung des Ortes. Das Kirchenschiff erinnert an die klassischen Kathedralen Zentralfrankreichs. In drei Stockwerken, den Arkaden, dem Triforium und den Obergaden, erheben sich die Seitenwände des Hauptschiffs, die im Kreuzrippengewölbe enden. Besonders harmonisch wirkt der Vierungsturm, dessen Pfeiler von schlanken Säulen umgeben sind. Das Ende des nördlichen Querschiffarmes bildet das massive Fundament des romanischen *Hastingsturms* aus dem 11. Jh. Gleich am südlichen Eingang des Querschiffs ist an der Seitenwand die holzgeschnitzte *Figurengruppe des hl. Yves zwischen dem Armen und dem Reichen*, ein in der Bretagne verbreitetes Motiv, zu entdecken. Der dreischiffige Chor mit drei Apsidialkapellen wurde zwischen 1380 und 1425 errichtet.

Von den *Kapellen* ist die des hl. Yves im nördlichen Seitenschiff die bedeutendste. Sie wurde 1420 auf Wunsch Herzog Jeans V. gebaut. In ihrer Mitte steht das Mausoleum des Herzogs. Das *Grab des hl. Yves* ist eine Kopie vom Ende des 19. Jh., das Original wurde 1794 von Republikanern zerstört. In der Sakristei ist in einem *Reliquienschrein* der Schädel des hl. Yves aufbewahrt. Er wird bei dem Pardon de St-Yves im Mai durch die Stadt getragen. Vom nördlichen Querschiffarm gelangt man in den restaurierten, stimmungsvollen **Kreuzgang** im Flamboyantstil (15. Jh.), einem der besterhaltenen der Bretagne. 48 zierliche Arkaden mit großen Vierpässen begrenzen den quadratischen Klostergarten.

Die weite **Place du Martray** vor der Kathedrale wird von schönen zweistöckigen alten Häusern eingerahmt, in ihrer Mitte erhebt sich ein Denkmal für Ernest Renan. Das Geburts- und Wohnhaus dieses bedeutenden Wissenschaftlers, das

Hier blühen Architektur und Natur auf: der Kreuzgang von St-Tugdual in Tréguier und sein kunstvoll mit Hortensien bepflanzter Innenhof

Im Westen von Côtes-d'Armor – Tréguier / St-Gonéry

Maison natale d'Ernest Renan (April–Juni und Sept. Mi–Sa 10–12, 14–18, So 14–18 Uhr, Juli/Aug. tgl. 10–13, 14.30–18.30 Uhr), ist westlich des Platzes in der engen Rue E. Renan zu besichtigen. In dem 300 Jahre alten Fachwerkhaus vermitteln Bildnisse, Manuskripte und die Wohnräume einen Eindruck von seinem Leben. Der Orientalist, Historiker und Religionswissenschaftler Ernest Renan (1823–1892) wollte zunächst Priester werden, wandte sich dann aber vom Katholizismus ab und verbrachte die meiste Zeit seines Lebens als Privatgelehrter. Sein bekanntestes Buch ›Das Leben Jesu‹ erregte damals Anstoß wegen des darin vertretenen historistischen und soziologischen Denkansatzes bezüglich der Figur Jesu, den er als den idealen Menschen darstellte. Das Werk verhinderte zunächst den Ruf Renans an die Pariser Universität. Später rehabilitiert, wurde er Mitglied der Academie française und Präsident des Collège de France.

Einer anderen Persönlichkeit wird in dem etwas außerhalb der Stadt gelegenen **Bois du Poète** gedacht. In dem Wäldchen ist der bretonische Volksdichter Anatole Le Braz begraben.

Tréguier und der hl. Yves

Tréguier ist eng mit den Erinnerungen an den hl. Yves verbunden, der 1253 in der Nähe der Stadt geboren wurde. Er war zunächst Armenanwalt, dann Offizial und Kirchenrichter in Rennes und erlangte aufgrund seiner gerechten Urteilssprüche und seines Eintretens für die Armen eine über die Grenzen der Region hinausreichende Berühmtheit. Er ist der volkstümlichste Heilige der Bretagne. Anlässlich seiner Heiligsprechung im Jahr 1447 und der Überführung seiner Gebeine in die Cathédrale St-Tugdual von Tréguier fand erstmals der **Pardon de St-Yves** *statt, der bis heute jeden dritten Sonntag im Mai wiederholt wird. Zu dieser feierlichen Prozession reisen auch Juristen aus aller Welt an, um ihren Schutzheiligen zu ehren. Zu einem Gutteil verdankt Tréguier dem hl. Yves, der den Ort bekannt machte, den Wiederaufbau der Kathedrale und seinen Ruf als eines der geistigen Zentren der Bretagne.*

TOP TIPP

Südlich von Tréguier (D 8, D 6) lohnt ein Abstecher zum **Château de Roche-Jagu** (April–Okt. tgl. 10.30–12.30, 14–18 Uhr). Das stattliche Schloss in malerischer Lage überragt in 60 m Höhe den Oberlauf des mäandernden Flusses Trieux. Es wurde anstelle einer älteren Burg, die im bretonischen Erbfolgekrieg zerstört wurde, Ende des 14. Jh. errichtet.

Praktische Hinweise

Information: Office de Tourisme, Hôtel de Ville, Tel. 02 96 92 22 33

Hotels

*** **Kastell Dinec'h**, route de Lannion, Tel. 02 96 92 49 39, Fax 02 96 92 34 03. Hotel mit Restaurant.

** **L'Aigue Marine**, 5, rue Marcelin Berthelot, Tel. 02 96 92 97 00, Fax 02 96 92 44 48, Internet: www.aiguemarine.fr. Hotel mit Restaurant am Jachthafen, raffinierte Küche zu passablen Preisen.

18 St-Gonéry

Kapelle aus dem 15. Jh. mit außergewöhnlicher Deckenmalerei.

Auf der Straße von Tréguier nach Norden (D 8) an die Küste erreicht man nach 7 km St-Gonéry. Im Zentrum des Ortes steht gleich neben der Dorfstraße eine sehenswerte **Kapelle** aus dem 15. und 16. Jh., in der noch Teile aus dem 10. Jh. erhalten sind. Ein kleiner Pfarrbezirk mit alten Bäumen grenzt an das lang gestreckte Gebäude, das zunächst wegen seines windschiefen Glockenturms auffällt. Im **Innern** erwartet den Besucher eine Überraschung: Das gesamte hölzerne *Deckengewölbe* in der Form eines umgedrehten Schiffskiels ist mit farbenfroher Malerei aus dem 15. Jh. versehen (im 18. Jh. restauriert). Sie erzählt auf einem mit Sternen übersäten roten und blauen Hintergrund überaus lebendig Szenen aus dem Alten und Neuen Testament. In ihrer Naivität besonders eindrucksvoll ist die Darstellung der Erschaffung der Erde, die Gott Sonne und Mond in den Händen haltend zeigt. Ungewöhnlich ist, dass Adam und Eva schon in der Paradiesszene bekleidet gezeigt werden. Zur Innenausstattung der Kapelle zählen auch einige interessante *Grabdenkmäler*, darunter der 300 Jahre

St-Gonéry/Côte de Granit Rose

Bezaubernde Schöpfung der Natur: kuriose Steinformationen auf dem Sentier des Douaniers zwischen Perros-Guirec und Ploumanac'h an der Côte de Granit Rose

alte Reliquienschrein des hl. Gonéry aus Irland, der wegen seiner Heilkräfte bei Fieber verehrt wird.

Praktische Hinweise
Hotel
Manoir de Kergrec'h, 2 km nördlich St-Gonéry bei Plougrescant, Tel. 02 96 92 56 06, Fax 02 96 92 51 27. Das abseits der Straße in einem Park gelegene Landschloss aus dem 17. Jh. bietet in unmittelbarer Nähe zum Meer Unterkunft für gehobene Ansprüche.

 19 Côte de Granit Rose

Fantastische Steinformationen in rosa Granit.

Perros-Guirec ist das wichtigste Fremdenverkehrszentrum der gesamten Côte de Granit Rose. Der Ort erstreckt sich in bevorzugter Hanglage beiderseits eines ins Meer ragenden Vorgebirges. Die ausgedehnten Strände *Trestignel* und *Tres-*

traou zu beiden Seiten der Landnase gehören zu den beliebtesten der Region. Eher übersehen wird dagegen in der Ortsmitte die kleine schiefergedeckte Kirche **St-Jacques**, deren romanisches Hauptschiff aus dem 12. Jh. mit interessanten Figurenkapitellen von einem gotischen Seitenschiff aus dem 14. Jh. flankiert wird. Die Ostseite der Kirche wird von einem Glockenturm aus dem 14. Jh. überragt. Auch das Südportal stammt noch aus romanischer Zeit. An der Schmalseite befindet sich ein seltenes skulpturengeschmücktes Tympanon.

Die Kapelle **Notre-Dame-de-la-Clarté**, 2 km westlich von Perros-Guirec, überblickt in exponierter Lage die Bucht von Ploumanac'h. Die Kirche ist aus dem rosa Granitgestein der Region errichtet, im Innern ist ein mit seltsamen Figuren geschmücktes *Weihwasserbecken* sehenswert.

Zwischen Perros-Guirec und Ploumanac'h führt der **Sentier des Douaniers**, der Pfad der Zöllner, entlang der Küste durch ein steinernes Meer aus rosa

53

Im Westen von Côtes-d'Armor – Côte de Granit Rose / Chapelle de Kerfons

Wind und Meer als kunstvolle Bildhauer – die Felsformationen an der Côte de Granit Rose sind manchmal 20 m hoch

Granit; Wind und Meer haben das Gestein hier zu den sonderbarsten Gestalten erodiert und bis zu 20 m hohe bizarre Felsformationen entstehen lassen.

In **Ploumanac'h** lohnt sich besonders der Besuch des *Plage St-Guirec*, der bei Niedrigwasser fast trocken liegt. Am Beginn des Strandes steht ein kleines Oratorium mit der Figur des hl. Guirec. Nach altem Brauch stechen heute noch die heiratswilligen jungen Mädchen der Statue eine Nadel in die Nase.

Weiter westlich liegt **Trégastel**, wo der herrliche Strand *Grève Blanche* zum Baden einlädt. Auch das **Aquarium Marin** (April–Mitte Juni und Sept. tgl. 10–12, 14–18 Uhr, Mitte Juni–Aug. 10–20 Uhr, Okt.–März 14–17 Uhr), das nahe dem *Plage de Coz-Porz* zwischen mächtigen rosa Felsen gebaut wurde, lohnt einen Besuch.

Praktische Hinweise

Information: Office de Tourisme, 21, pl. de l'Hôtel de Ville, Perros-Guirec, Tel. 02 96 23 21 15, Internet: www.perros-guirec.com

Hotels

*** **Hôtel Manoir du Sphinx**, 67, chemin de la Messe, Perros-Guirec, Tel. 02 96 23 25 42, Fax 02 96 91 26 13. Erstklassiges Hotel mit Restaurant in wunderbarer Lage genau an der Spitze der Landzunge.

** **Beauséjour**, Trégastel, Tel. 02 96 23 88 02, Fax 02 96 23 40 73. Hotel mit guter Küche, Logis de France.

** **Morgane**, Plage de Trestraou, Perros-Guirec, Tel. 02 96 23 33 80, Fax 02 96 23 24 30. Hotel mit Restaurant.

Restaurant

Coste Mor, Ploumanac'h, am Plage St-Guirec, Tel. 02 96 91 40 89, Fax 02 96 91 49 27. Das Restaurant im Hotel St-Guirec et de la Plage bietet einen herrlichen Blick auf Meer und rosa Felsen, Meeresfrüchte und Fisch bestens zubereitet, dazu noch günstige Preise.

20 Chapelle de Kerfons

Renaissancekapelle mit prachtvollem Holzlettner.

Die Kapelle von Kerfons liegt 5 km südlich von Lannion oberhalb des dicht bewachsenen Flusstals des Léguer in einsamer, idyllischer Umgebung. Sie wurde im 15. und 16. Jh. erbaut.

Das Hauptschiff schließt ein überaus reich geschnitzter **Lettner** aus dem Jahr 1485 ab. Er ist ohne Zweifel einer der schönsten der Bretagne. Die prachtvolle Relief-Balustrade ist mit 15 Figuren geschmückt. In der mittleren Nische erkennt man die Christusfigur, daneben die Apostel, die hll. Barbara und Magdalena. Diese Empore bildet den oberen Abschluss eines fein gearbeiteten, engmaschigen Maßwerks, das aus fünf Bögen besteht; die Verspieltheit dieser Kunstform kommt in den Engelsköpfchen mit ihren vergoldeten Flügeln zum Ausdruck, die vom unteren Rand der Empore herabhängen. Sechs zylindrische, kannelierte Säulen betonen im Gegensatz zur Empore die Vertikale. Überragt wird dieses mittelalterliche Schmuckstück von den Figuren der Jungfrau Maria und Johannes des Evangelisten, die von der Kreuzigungsszene übrig geblieben sind.

Die umfriedeten Pfarrbezirke und Morlaix – Stein gewordene Manifestation des Glaubens

Für einen Besuch der berühmten prachtvoll und figurenreich gestalteten bretonischen Pfarrbezirke ist die alte Handelsstadt Morlaix mit ihren reizvollen Fachwerkhäusern aus der Renaissance der günstigste Ausgangspunkt. Die meisten dieser **Enclos Paroissiaux** liegen innerhalb eines verhältnismäßig begrenzten Gebietes in der ehemaligen Grafschaft Léon nördlich der Monts d'Arrée. Zu den schönsten der ganzen Bretagne zählen der aus dem 17. Jh. stammende imposante Pfarrbezirk von **St-Thégonnec** und der verschwenderisch ausgestattete Calvaire von **Guimiliau** aus dem späten 15. Jh. mit seinen rund 200 aus dem Stein gemeißelten Gestalten.

21 Morlaix

Nördlicher Hauptort des Département Finistère mit reizvoll gelegener Altstadt.

Morlaix liegt etwa 5 km von der Küste entfernt in einem tief eingeschnittenen Talkessel am Zusammenfluss von Jarlot und Queffleuth. Das moderne Wahrzeichen der Stadt ist der mächtige **Eisenbahnviadukt**, der seit der Mitte des 19. Jh. in 58 m Höhe Morlaix und das enge Tal überspannt. Ihre Blütezeit erlebte die Stadt im 16. und 17. Jh., als sie als wichtigster **Hafen** der Niederbretagne sogar mit St-Malo konkurrieren konnte und durch die Ausfuhr von Tuchwaren Bedeutung erlangte. Morlaix besitzt eine hübsche Altstadt, deren Reiz durch ihre Lage in dem engen Flusstal noch gesteigert wird. Wie bei vielen anderen küstennahen Städten der Bretagne ragt die Mündungsbucht tief ins Land hinein und lässt den Jachthafen malerisch bis fast ins Zentrum reichen. Diese Nähe zum Meer führte im Jahr 1522 zu einem erfolgreichen Überfall eines englischen Trupps, der die Stadt unbemerkt plünderte, als deren Bewohner zu einem Messebesuch in Guingamp ihre Häuser verlassen hatten. Angeblich konnten sie die Eindringlinge, die sich über die örtlichen Weinkeller hergemacht hatten, am Abend desselben Tages jedoch problemlos überwältigen. Im 19. Jh. spielte die in Hafennähe errichtete **Manufacture des Tabacs** aus dem 18. Jh. eine wichtige Rolle

Formvollendet – in mächtigen Bögen überspannt der riesige Viadukt in Morlaix das Tal

55

Die umfriedeten Pfarrbezirke und Morlaix – Morlaix

für die wirtschaftliche Entwicklung der Stadt. Noch heute werden hier jährlich über 300 Millionen Zigarren produziert.

Ein Altstadtspaziergang wird von der Place des Otages in der Mitte des Tals ausgehen, der von einem hellen Prachtbau der Jahrhundertwende, dem **Hôtel de Ville** (Rathaus) beherrscht wird. Eine breite Treppe führt nach Osten den Hang zur Kirche **St-Mélaine** hinauf. Der spätgotische Bau wurde 1489 errichtet. Das hohe dreischiffige Innere mit massiven Rundpfeilern wird von einer blau bemalten schiffsförmigen Holzdecke überdacht. Hinter der Kirche führt die alte von reich mit Schnitzereien geschmückten Fachwerkhäusern flankierte Rue Ange-de-Guernisac zur Place des Viarmes.

Auf der gegenüberliegenden westlichen Hangseite steht in der Rue du Mur das wichtigste Gebäude der Stadt, das **Maison de la Reine Anne** (Haus der Königin Anne). Das dreistöckige Fachwerkhaus mit vorkragenden Etagen zeigt eine skulpturengeschmückte Fassade und stammt aus der zweiten Hälfte des 15. Jh. Hier soll die bretonische Herzogin und französische Königin Anne auf ihrer Wallfahrt nach Le Folgoët übernachtet haben. Das Gebäude besitzt einen für die örtliche Bauweise der Zeit typischen überdachten *Innenhof* mit einer wunderbar skulptierten Wendeltreppe.

Auch die parallel verlaufende **Grande Rue** wird von sehenswerten Fachwerk- und Granithäusern aus dem 15. und 16. Jh. flankiert. An der nahen Place des Jacobins ist in einer alten Kirche aus dem 13. Jh. das **Museé des Jacobins** (Juli/Aug. tgl. 10–12.30, 14–18.30 Uhr, sonst Mi–Fr, So 10–12, 14–18, Di, Sa 14–18 Uhr) untergebracht. Die Stadtgeschichte von Morlaix wird hier reich dokumentiert durch archäologische Funde, Möbel sowie Gebrauchsgegenstände, aber auch wertvolle alte Statuen und hölzerne Treppensäulen aus den Laternenhäusern; moderne Malerei rundet die Sammlung ab.

Praktische Hinweise

Information: Office de Tourisme, pl. des Otages, Tel. 02 98 62 14 94, Fax 02 98 63 84 87

Hotel

** **Le Shako**, Route de Lannion, Tel. 02 98 88 08 44, Fax 02 98 88 80 15. Kleines Hotel mit günstigem Restaurant.

Restaurant

Crêperie L'Hermine, 35, rue Ange de Guernisac, Tel. 02 98 88 10 91. Crêpes aus biologisch angebautem Buchweizenmehl, traditionelles Ambiente.

Über den Dächern: Ausblick auf die belebte Place des Otages im Zentrum von Morlaix

Morlaix

Figurenreich und filigran – die prachtvollen Pfarrbezirke im Umkreis der Stadt Morlaix versetzen Besucher immer wieder in Bewunderung und Staunen, hier in Guimiliau

Enclos Paroissiaux

Die **umfriedeten Pfarrbezirke** der Bretagne stellen in der sakralen Kunst Europas ein einzigartiges Phänomen dar. Die überschwänglich ausgeschmückten Calvaires, zu deutsch Kalvarienberge, im Zentrum dieser Enclos Paroissiaux sind naives, aber ausdrucksstarkes künstlerisches Zeugnis einer tief empfundenen Religiosität und bäuerlich geprägten Fantasie. Die Entstehung der Pfarrbezirke im 16. und frühen 17. Jh. und ihre Konzentration auf die ehemalige **Grafschaft Léon** im nördlichen Teil des Département Finistère erklärt sich durch den in dieser Region damals blühenden Tuchhandel, der selbst kleinen Dörfern Wohlstand bescherte. Über die Hafenstädte Morlaix und Landerneau führten die Weber ihre Leinenstoffe aus: nach Portugal, Spanien und vor allem nach England. Im Bemühen, den erlangten Reichtum sichtbar zu dokumentieren, entbrannte unter den Dörfern ein wahrer Konkurrenzkampf um den prächtigsten Pfarrbezirk.

Ein umfriedeter Pfarrbezirk besteht aus folgenden Elementen: dem **Friedhof** und dessen teilweise recht hoher steinerner Einfassung, einem **Triumphtor**, das in den Bezirk hineinführt, einem **Beinhaus**, dem Calvaire sowie der **Kirche** selbst mit ihrer im Süden vorgelagerten Eingangshalle. Der Pfarrbezirk stellt ein deutlich nach außen abgegrenztes Ensemble von aufeinander abgestimmten Bauten dar, deren religiöser Mittelpunkt der Calvaire ist.

Die **Calvaires** sind teils einfache, teils komplexe Monumente auf viereckigen oder runden Steinsockeln, die mit umlaufenden Figurenfriesen geschmückt sind. Darüber erhebt sich der eigentliche Kalvarienberg mit der Darstellung des Kreuztodes Christi. Unter den Kreuzen bevölkern vollplastische Figuren die Plattform. Sogar auf den Kreuzbalken stehen Gestalten. Die Statuen sind aufgrund des harten Granitsteins meist einfach gearbeitet. Ihre Mimik und die lebendige szenische Gestaltung tragen jedoch zu jener fantastischen Wirkung bei, die sie zu einer außerordentlichen Erscheinung der Renaissance-Kunst machen.

Im Gegensatz zum Bereich des Friedhofs, in dem das Memento-Mori-Motiv, die Mahnung an den Tod, in vielfältiger Weise dargestellt wird, waltet in den reich ausgestatteten, schmuckvollen und meist hellen Kirchen eine beinah heitere Atmosphäre.

57

22 St-Thégonnec

Imposanter Pfarrbezirk aus dem 17. Jh. mit reich ausgestatteter Kirche.

Gut 10 km (D 712) von Morlaix entfernt, erwartet den Besucher mit dem umfriedeten Pfarrbezirk von St-Thégonnec einer der reichsten und monumentalsten der Region. St-Thégonnec, das neben Guimiliau und Lampaul-Guimiliau eine der vollständigsten Anlagen der Bretagne besitzt, ist nach dem walisischen Mönch Thégonnec benannt.

Durch ein wuchtiges **Triumphtor** von 1587 betritt man den Friedhof; die Fassade des massiven **Beinhauses** aus dem 17. Jh. ist mit korinthischen Säulen besonders aufwendig gestaltet. Innen führt eine Treppe zur **Krypta** hinunter, die eine holzgeschnitzte Grablegung aus dem 18. Jh. enthält.

Der **Calvaire** von St-Thégonnec (1610) ist einfach und klar gegliedert. Auf einem rechteckigen Sockel drängen sich etwa 40 miniaturhafte Figuren. Dargestellt sind Passionsszenen. Ungewöhnlich hoch ragen darüber die drei Kreuze in den Himmel. Jeder der beiden Schächer hat hier sein eigenes Kreuz; auf zwei Querbalken des Mittelkreuzes sind die hll. Petrus, Johannes und Yves, die Jungfrau Maria und eine Kreuzabnahme zu erkennen, außerdem zwei Reiter, die den Gekreuzigten bewachen.

Die Kirche **Notre-Dame** wird von einem mächtigen Renaissance-Glockenturm aus dem Jahr 1626 überragt, den eine laternenbekrönte Kuppel trägt. Durch die Vorhalle unter dem Turm gelangt man ins *Innere*. Es ist wie bei den meisten Kirchen der Umgebung farbenprächtig und vermittelt eine heitere Atmosphäre, die im bewussten Gegensatz zu den anderen, vom Gedanken an den Tod geprägten Bauten im Pfarrbezirk steht. Die Ausstattung ist barock; die Aufmerksamkeit ziehen vor allem der geschnitzte *Chor* sowie die reichen und farbenfrohen *Altäre* und Altaraufsätze auf sich, allen voran der prächtige *Rosenkranzaltar* aus dem späten 17. Jh. im linken Seitenschiff. Darüber sieht man die Erlösung einer Seele aus dem Fegefeuer durch Jesus.

Praktische Hinweise

Hotel

*****Auberge de St-Thégonnec**, 6, pl. de la Mairie, Tel. 02 98 79 61 18, Fax 02 98 62 71 10. Hotel mit gutem Restaurant, Logis de France.

Guimiliau

 **23 Guimiliau**

Einer der schönsten Pfarrbezirke und zweitgrößter Calvaire der Bretagne.

Nur 8 km westlich von St-Thegonnéc steht der Pfarrbezirk von Guimiliau mit seiner ebenfalls verschwenderischen Ausstattung. Er ist vor allem für den Reichtum seines Calvaires berühmt.

Ein **Triumphtor** mit einem geschwungenen Renaissancegiebel führt in die Umfriedung. Der **Calvaire** stammt aus den 80er-Jahren des 15. Jh. und ist mit etwa 200 Figuren der figurenreichste, wenn auch nur zweitgrößte der Bretagne nach Plougastel-Daoulas [s. S. 72]. Vier Pfeiler sind durch Arkaden mit einem mächtigen zentralen Sockel verbunden. Sie bieten Raum für zusätzliche Szenen.

◁ *Kostbares Abendmahl – der Calvaire von Guimiliau ist mit seinen detailfreudigen Szenen einer der schönsten der Bretagne*

Mit großartigen Schnitzereien geschmückte Altäre sind ein Höhepunkt der Kirche Notre-Dame von St-Thégonnec

Die umfriedeten Pfarrbezirke und Morlaix – Guimiliau

Verspielt und prachtvoll – der hölzerne Baldachin über dem Taufbecken der Kirche von Lampaul-Guimiliau ist reich mit bemalten Holzschnitzfiguren geschmückt

Der Sockel wird von nur einem Kreuz überragt. Die Kindheitsgeschichte Jesu, letztes Abendmahl, Fußwaschung, Gefangennahme, Kreuztragung, Grablegung, Geißelung und Auferstehung sind auf dem Calvaire dargestellt. Die Figuren tragen zeitgenössische Kleidung des 16. Jh An den Pfeilern stehen die vier Evangelisten mit ihren Symbolen. Berühmt ist die *Darstellung der Sünderin Katell Gollet* die ihres lockeren Lebenswandels wegen und weil sie ihrem Liebhaber, dem Teufel, eine geweihte Hostie angeboten haben soll, verdammt wird: Teufel treiben die nackte Person mit Gabeln in den Höllenrachen.

Eine prächtige *Renaissancevorhalle* mit meisterhaft skulptierten Bogenläufen (z. B. Sündenfall und Vertreibung aus dem Paradies, Brudermord, Arche Noah) führt in die Kirche **St-Miliau** aus dem 16. Jh. Sie ist nach dem hl. Miliau benannt, einem einstigen Prinzen der Herrschaft Cornouaille. Das *Innere* der zweischiffigen Kirche, die noch gotische Spuren aufweist, ist breit und relativ niedrig. Ein Schmuckstück der Ausstattung ist das aus Eichenholz geschnitzte *Taufbecken* am Eingang aus dem Jahr 1675, dessen opulenter Baldachin von acht schlanken Säulen getragen wird. Wie in St-Thégonnec schließt ein prächtiger *Barockaltar* die Chorseite ab.

24 Lampaul-Guimiliau

Pfarrbezirk und Kirche mit reichem Skulpturenschmuck aus dem 16. und 17. Jh.

Der dritte der drei großen Enclos Paroissiaux der Region – 3 km westlich von Guimiliau – ist im Vergleich zu St-Thégonnec [Nr. 22] und Guimiliau [Nr. 23] um einige Grade einfacher gestaltet. Auf dem Friedhof steht ein fast schmuckloser und dennoch ausdrucksstarker **Calvaire** aus dem 16. Jh. Besonderes Augenmerk sollte man der **Kirche** von 1553 widmen, deren Turm (1573) nach einem Blitzschlag 1809 die Spitze verlor. Die Ausstattung im *Inneren* des Gotteshauses gehört zu den reichsten der Region. Das Mittelschiff beherrscht ein großartiger *Triumphbalken*, der die Grenze zum Chor markiert. Er trägt die Christusfigur am Kreuz sowie die hl. Jungfrau und Johannes. Im Relieffries des Balkens sind Szenen aus der Passion zu erkennen. Die Rückseite thematisiert mit zwölf weisen Sibyllen die Verkündigung.

Die Chorseite der Kirche birgt zwei helle *Holzaltäre*, die mit zahllosen kleinen Skulpturen bestückt sind: im rechten Seitenschiff das prächtige Retabel Johannes des Täufers, links das Retabel der Passion aus Antwerpen. Im nördlichen Seitenschiff sind eine aus hellem Stein gefertigte *Grablegung Christi* aus dem Jahr 1676 sowie eine Pietà aus Eichenholz (16. Jh.) zu bewundern.

Auch in dieser Kirche befindet sich ein schönes, achteckiges *Taufbecken* (17. Jh.) mit einem aufwendig gestalteten farbigen Kuppelaufsatz, in dessen Arkaden die zwölf Apostel sowie die Taufe Christi dargestellt sind.

25 Commana

Die festliche Kirche des Pfarrbezirks birgt einen prächtigen Schnitzaltar.

Der kleine Ort liegt 12 km (D 11) südöstlich von Lampaul-Guimiliau am Rande der Monts d'Arrée. Weithin sichtbar ragt der 57 m hohe Turm der Kirche in den Himmel. Auch der **Pfarrbezirk** von Commana besitzt ein Triumphtor, ein kleines Beinhaus und zwei kleinere Calvaires. Die Attraktion aber ist das Innere der Anfang des 17. Jh. errichteten Kirche **St-Derien**. Zunächst fällt der Blick auf ein elegantes *Taufbecken* aus dem 17. Jh., das von Statuen geschmückt ist, die die Kardinaltugenden symbolisieren. Höhepunkt des prächtig ausgestatteten und festlich wirkenden Raumes sind die farbig gefassten Schnitzaltäre. Alle anderen übertrifft der 6 m breite und 8 m hohe *Annenaltar* aus dem Jahr 1682 im linken Seitenschiff. Sein reiches Schnitzwerk mit unzähligen Medaillons, Säulen und Pflanzengirlanden zeigt in der verspielten Fülle des Schmucks bäuerliches Kunstempfinden.

26 Sizun

Pfarrbezirk mit monumentalem, antikisierenden Triumphtor aus dem 16. Jh.

Sizun, nur 10 km westlich von Commana im Elorntal, besitzt einen Pfarrbezirk mit einem außergewöhnlichen **Triumphtor** (1588–90) mit drei Rundbögen. Es erinnert an antike römische Triumphbögen. Seine Balustrade wird von vier Laternen und einem kleinen Kreuz überragt – der Calvaire ist hier also in das Tor integriert – und bildet mit dem angrenzenden **Beinhaus** aus derselben Zeit eine stilistische Einheit. Die Fassade des Beinhauses ist mit den Figuren der zwölf Apostel geschmückt.

Die Kirche **St-Sullian** mit ihrem markanten 60 m hohen Turm und einer spätgotischen Vorhalle erreicht jedoch vor allem wegen ihrer Innenausstattung nicht die Pracht der Kirchen von Commana und Lampaul-Guimiliau.

Die umfriedeten Pfarrbezirke und Morlaix – Bodilis / La Roche-Maurice

Antikes Vorbild und religiöser Inhalt: Im Triumphtor von Sizun ist der Calvaire integriert

27 Bodilis

Wahrzeichen des winzigen Dorfes und seines Pfarrbezirks ist der spätgotische Glockenturm im Flamboyantstil.

Der Pfarrbezirk von Bodilis, nördlich des Elorn, 4 km nordwestlich von Landivisiau (D 30), ist vor allem wegen seiner **Kirche** interessant. Auffallend ist zunächst der **Glockenturm** im spätgotischen Flamboyantstil mit einer auf drei Seiten offenen Vorhalle und einer von vier kleineren Glockentürmen flankierten Spitze. Es ist einer der letzten gotischen Kirchtürme der Bretagne, der noch den normannischen Einfluss der Kirche des Kreisker in St-Pol-de-Léon [Nr. 32] aufweist.

Im klassischen Stil der Renaissance hingegen präsentiert sich die **südliche Vorhalle** mit einer imposanten, türmchen- und nischengeschmückten Fassade (1585–1601) und dem mit Figuren belebten Inneren. Unterhalb der zwölf Apostel steht eine Reihe fabulöser Fantasiegestalten in Karyatidenform.

Das dreischiffige **Innere** der Kirche ist von einem blau bemalten Tonnengewölbe überdacht, wiederum in der Form eines umgedrehten Schiffskiels. Eine Besonderheit sind die *Holzbalken*, die das Hauptschiff überspannen, und die Gesimsbalken oberhalb der Langhauswände (Sablières), in die eine Vielzahl realistisch geschilderter Szenen aus dem bäuerlichen Alltag geschnitzt sind. Sehenswert sind außerdem mehrere *Statuen* sowie die vergoldeten und polychromen *Altaraufsätze*.

28 La Roche-Maurice

Pfarrbezirk in idyllischer Lage. Im Kircheninnern ein sehenswerter Renaissancelettner.

Das Dorf La Roche-Maurice liegt auf einer Anhöhe oberhalb des bewaldeten Flusstals des Elorn etwa 5 km vor Landerneau (D 712).

Aufgrund der anmutigen Lage am Rande des wenig besuchten Dorfes gehört der **Pfarrbezirk** zu den stimmungsvollsten der ganzen Region. Die Pfarrkirche St-Yves bildet zusammen mit dem eleganten Beinhaus und der Einfriedung ein harmonisches, intim wirkendes Ensemble. Der Raum zwischen Einfriedung und Kirche ist lediglich einige Meter breit, ein eigentlicher Calvaire fehlt, stattdessen überragen drei hohe und schlichte

La Roche-Maurice

Kreuze die Einfriedung. Markant ist der 60 m hohe Kirchturm aus dem 16. Jh. mit einer Doppelgalerie und zwei Glockenstuben. Besonders fein gearbeitet ist das der Kirche unmittelbar gegenüber stehende **Beinhaus** mit einer zweireihigen, durch Säulen gegliederten Renaissancefassade. Die Inschriften über den beiden Portalen und der kleine, einen Pfeil schwenkende Tod über dem Weihwasserbecken an der Seite schärfen den Besuchern ihre Vergänglichkeit ein.

Das Innere von **St-Yves** ist eines der schönsten Beispiele heiterer und farbenfroher Pracht: Die getäfelte *Holzdecke* ist vor blauem Untergrund mit Blumen und Engeln bemalt, darunter entwachsen seitlich aus Drachenmäulern die massiven Querbalken. Im Zentrum aber steht der farbige, von der Kreuzigungsszene über-

Leiden und Auferstehung aus Glas – das farbenfrohe Chorfenster der Kirche St-Yves von La Roche-Maurice ist ein Höhepunkt bretonischer Glasmalerei

63

ragte *Renaissancelettner* aus geschnitztem Eichenholz (16. Jh.). Fabeltierartige Karyatiden bilden die Verbindung zwischen einem zierlichen Gitterwerk und einer reich geschnitzten Brüstung, von der in Richtung Kirchenschiff neun miniaturhaft wirkende Apostel und drei Päpste herabblicken. Die Brüstung stellt gleichzeitig einen Laufgang dar, zu dem in einem Pfeiler eine Treppe führt. Die dem Chor zugewandte Rückseite ist mit Statuen im Flachrelief geschmückt, die die Heiligen der Region zeigen. Einen Höhepunkt bretonischer Glasmalerei stellt schließlich das große fünfbahnige *Chorfenster* aus dem Jahr 1539 dar, das die Geschichte der Leiden und der Auferstehung Christi erzählt.

Am gegenüberliegenden Ende des Dorfes überragt die Ruine des **Château** aus dem 12. Jh. das Tal und gewährt Ausblick in Richtung Landerneau und die Mündung des Elorn.

29 Pencran

Pfarrbezirk mit noch genutztem Friedhof neben der Kirche.

Pencran liegt 6 km südwestlich von La Roche-Maurice. Der **Calvaire** mit seinen drei Kreuzen ist neben der Kirche in die Umfassungsmauer integriert. Ergreifend ist die am Fuße des Hauptkreuzes knieende, in Trauer aufgelöste Figur der Maria Magdalena. Neben der Kirche erhebt sich das besonders harmonische **Beinhaus** des 16. Jh. Der Skulpturenschmuck der schönen **Kirchenvorhalle** (16. Jh.) ist stark mitgenommen, hatte einst aber die Qualität der Vorhallen von La Martyre und Ploudiry. Im *Innern* des Gotteshauses lohnt sich die Besichtigung der polychromen Kreuzabnahme aus Holz.

30 La Martyre

Einer der ältesten und prächtigsten Pfarrbezirke mit eindrucksvoller Vorhalle.

Das Dorf La Martyre, nur wenige Kilometer südöstlich von La Roche-Maurice, besitzt einen im Vergleich zu der Ärmlichkeit des Dorfes überraschend prächtigen **Pfarrbezirk**, der zugleich einer der ältesten der Bretagne ist.

Außergewöhnlich wirkt der Eingang zum Friedhof: Zwischen zwei alten Wohnhäusern erstreckt sich eine Mauer, in deren Mitte das **Triumphtor** aus dem

16. Jh. von einer Brüstung mit der Darstellung einer Pietà abgeschlossen wird. Darüber erhebt sich der aus drei Kreuzen bestehende **Calvaire**, der zugleich die Auferstehung schildert.

Die **Kirchenvorhalle** (Mitte 15. Jh.) an der Südseite ist die besser erhaltene Vorläuferin derjenigen von Pencran und besonders reich mit Figuren ausgeschmückt. Eindrucksvoll ist vor allem die Geburtsszene im Tympanon mit Maria im Wochenbett, deren Brüste entblößt sind, und dem am Fußende sitzenden Josef. Im Innern der Vorhalle fällt ein kleines *Taufbecken* auf, über dem der Tod einen Kinderkopf in der Hand hält. Nebenan, gleichsam als eine zweite Vorhalle, steht das **Beinhaus** vom Anfang des 17. Jh. mit einer außergewöhnlichen Karyatidenfigur, deren Unterkörper wie eine Mumie von Bändern umwickelt ist. Die Spruchbänder über dem Eingang enthalten einen bretonischen Text, der wiederum als letzte geistige Läuterung vor dem Eintritt in die Kirche gedacht ist: »Der Tod, das Jüngste Gericht, die kalte Hölle – Wenn der Mensch daran denkt, soll er zittern. Ein Narr ist der, der solches nicht bedenkt, da er doch weiß, dass er sterben muss«.

Im Innern der Kirche **St-Salomon** verdienen besonders die mehrfarbigen Gesimse (Sablières) im linken Seitenschiff mit der Darstellung biblischer und alltäglicher Szenen eine genauere Betrachtung. Hervorzuheben sind außerdem die noch in gotischem Stil gefertigten Glasfenster, die u. a. die Kreuzigung zeigen. Sie entstanden Mitte des 16. Jh. nach Vorlagen aus Flandern, das mit der Bretagne rege Handelsbeziehungen pflegte.

31 Ploudiry

Herausragend ist das prächtig skulptierte Beinhaus.

Der kleine Ort liegt 1,5 km östlich von La Martyre. Sein **Beinhaus** von 1635 besticht durch den Figurenfries, der oberhalb der Bogenfenster verläuft: Der Tod (bretonisch *Ancou*) bedroht vier Repräsentanten der Gesellschaftsschichten: einen Bauern, einen Bürger, einen Geistlichen und einen Adligen. Das **Portal** der im 19. Jh. fast völlig erneuerten Kirche stammt noch von 1665 und erzählt lebendig biblische Geschichten in seinen Archivolten. Besonders anschaulich ist der Sündenfall dargestellt.

Nordwestliches Finistère – Land der Kirch- und Leuchttürme

Der nordwestliche Küstenabschnitt wird wegen seiner zahlreichen tiefen Buchten (Abers) **Côte des Abers** genannt. Diese lang gestreckten Mündungstäler haben sich nach den Eiszeiten gebildet, als das Meer nach dem Abschmelzen großer Eismassen anstieg, in die Flussmündungen drängte und so ihre jetzige Form schuf. Die klippenreiche Küste mit verhältnismäßig wenigen kleinen Sandstränden hat die Entstehung größerer Badeorte verhindert. Ursprünglichkeit und Einsamkeit prägen noch den Charakter der Region, deren Vegetation auf Stechginster und Heide reduziert ist. Die **Presqu'île de Crozon** südlich von Brest ist Teil des großen Naturparks Parc Naturel Régional d'Armorique und besticht durch ihre eindrucksvolle Felsküste. Sie gehört zu den landschaftlich schönsten Gegenden der Bretagne und bietet mit der Klosterruine **Landévennec** auch eine der kunstgeschichtlichen Raritäten der Region.

32 St-Pol-de-Léon

Ehemalige Bischofsstadt mit zwei sehenswerten gotischen Kirchen.

Die weithin sichtbare Silhouette der nördlichen Küstenstadt wird von drei Kirchtürmen beherrscht. Sie zeugen von der Bedeutung des einstigen Bistums. Bis zur französischen Revolution blieb die im 6. Jh. von dem irischen Mönch *Paul Aurélien*, einem der sieben Titelheiligen der Bretagne, gegründete Stadt Bischofssitz. Heute ist das belebte Handelszentrum Mittelpunkt des fruchtbaren goldenen Gürtels. St-Pol-de-Léon beliefert ganz Frankreich, aber auch die europäischen Nachbarn, u. a. mit Artischocken und Blumenkohl.

Die **Ancienne Cathédrale** (13.–16. Jh.) beherrscht die weite Place du Parvis. Der doppeltürmige, im Stil normannischer Gotik errichtete Bau besitzt ein 16 m hohes Mittelschiff, für dessen Mauerwerk man den hellen Kalkstein aus der Gegend um Caen herbeigeschafft hatte. Das nördliche Querschiff weist noch Mauerreste der vorherigen romanischen Kirche auf, gegenüber bildet eine *Fensterrosette* aus dem 15. Jh. den Abschluss des südlichen Querschiffs. Der dreistöckige Chor aus

Prototyp aller gotischen Kirchtürme: der Kreisker in St-Pol-de-Léon

Nordwestliches Finistère – St-Pol-de-Léon / Roscoff

Granit wurde im 19. Jh. restauriert. Wertvoll ist vor allem das doppelreihige eicherne *Chorgestühl* aus dem frühen 16. Jh., ferner ein romanischer *Sarkophag* aus dem 12. Jh. im südlichen Seitenschiff. In einer der südlichen Chorkapellen hat man alte hölzerne *Schreine* mit den Totenschädeln angesehener Bürger der Stadt aufbewahrt. In der ersten nördlichen Chorkapelle befinden sich Reliquien und die alte Glocke des hl. Pol.

Die Rue Leclerc führt zur zweiten Kirche der Stadt. Nur einige Hundert Meter unterhalb der Kathedrale erhebt sich der berühmte Turm von **Notre-Dame-du-Kreisker**. Mit seinen 77 m ist er der höchste und kühnste der Bretagne. Im 15. Jh. fertig gestellt, wurde er zum Vorbild für zahlreiche andere bretonische Kirchtürme. Er bekrönt die Vierung, ist mehrfach durchbrochen und besitzt in einer von spitzen Ecktürmen überragten imposanten Balustrade im oberen Drittel sein optisches Zentrum. Vom Turm kann man einen sehr schönen Blick über die Ebene und auf die Küste genießen. Die Ausmaße der Kirche selbst, der einstigen Kapelle des Stadtrates (14./15. Jh.), blieben im Vergleich zum Turm eher bescheiden.

Praktische Hinweise

Information: Office de Tourisme, pl. de l'Evêché, Tel. 02 98 69 05 69, Fax 02 98 69 01 20

Hotels

** **De France**, 6, rue des Minimes, Tel. 02 98 29 14 14, Fax 02 98 29 10 57. Gepflegtes Hotel mit großem Garten und Restaurant im Zentrum.

** **Du Pors-Pol**, etwa 8 km östlich im Seebad Carantec, Tel. 02 98 67 00 52, Fax 02 98 67 02 17. Hotel in schöner Hanglage mit gutem Restaurant, regionale Küche.

* **De Cheval Blanc**, 6, rue au Lin, Tel. 02 98 69 01 00. Einfaches Hotel ohne Restaurant.

33 Roscoff

Belebte alte Hafenstadt.

Der 5 km nördlich gelegene einstige Hafen von St-Pol-de-Léon ist ein ausgesprochen lebhaftes Städtchen mit einer reizvollen Altstadt, einem Fischerei- und einem Fährhafen.

Den bedeutendsten Besuch seiner Geschichte erlebte Roscoff 1548, als die sechsjährige Maria Stuart hier an Land ging, um sich mit dem Dauphin François, dem späteren König Franz II. zu verloben. Roscoff war lange einer der wichtigsten Häfen der Nordküste und ist es dank der Fährverbindungen mit England und Irland auch heute noch. Seit dem Anfang des 19. Jh. führten französische Zwiebelverkäufer, Johnnies genannt, von hier aus

Roscoff

◁ *Erinnerung an einen historischen Brautbesuch: In der hübschen Hafenstadt Roscoff landete 1548 Maria Stuart*

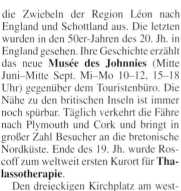

die Zwiebeln der Region Léon nach England und Schottland aus. Die letzten wurden in den 50er-Jahren des 20. Jh. in England gesehen. Ihre Geschichte erzählt das neue **Musée des Johnnies** (Mitte Juni–Mitte Sept. Mi–Mo 10–12, 15–18 Uhr) gegenüber dem Touristenbüro. Die Nähe zu den britischen Inseln ist immer noch spürbar. Täglich verkehrt die Fähre nach Plymouth und Cork und bringt in großer Zahl Besucher an die bretonische Nordküste. Ende des 19. Jh. wurde Roscoff zum weltweit ersten Kurort für **Thalassotherapie**.

Den dreieckigen Kirchplatz am westlichen Ende der Altstadt beherrscht die Kirche **Notre-Dame-de-Kroaz-Baz** aus dem 16. Jh. Zwei *Beinhäuser* flankieren den Eingang zum Kirchhof. Die Kirche selbst ist im spätgotischen Stil errichtet. Ihr Äußeres ist mit steinernen Schiffreliefs und Kanonen geschmückt, eine Erinnerung an die Zeit der reichen Reeder und Korsaren. Der in drei Etagen gegliederte, elegante durchbrochene *Glockenturm* (1550–70) gehört bereits der Renaissance an. Das harmonische *Innere* besitzt ein schön ausgemaltes *Deckengewölbe*, das in der Form eines umgedrehten Schiffskiels aus Holz gearbeitet ist und einige sehenswerte Schnitzereien aufweist.

An der nahe gelegenen Place Georges-Tessier lädt das 1872 gegründete **Institut de Recherche Scientifique Océanogra-** **phique** (April–Mitte Sept. tgl. 10–12, 14–18 Uhr) mit seinem großen Meeresaquarium, in dem sich u.a. Kraken, Katzenhaie und Seepferdchen tummeln, zu einem Besuch ein.

Ein Streifzug durch die **Altstadt** mit ihren engen Gässchen und sehenswerten Granithäusern aus dem 15. und 16. Jh. sollte über die **Rue Amiral-Réveillère** direkt hinter der Kirche führen, in der sich die ältesten Häuser von Roscoff befinden.

Östlich der Altstadt liegt seit 1976 der **Port du Blascon**, wo die Fährschiffe nach Großbritannien und Irland ablegen. Östlich davon erstreckt sich auf und um einen markanten Granitfelsen direkt an der Küste der neue **Jardin Exotique** (tgl. 10–18 Uhr), dessen südliche Vegetation hier dank des milden Klimas prachtvoll gedeihen kann.

Schon von weitem ein Blickfang: der hohe Glockenturm der Kirche Notre-Dame-de-Kroaz-Baz in Roscoff

Nordwestliches Finistère – Roscoff / Le Folgoët

Feierlicher Umzug – der berühmte Grand Pardon de Notre-Dame in Le Folgoët im September ist jedes Jahr Anziehungspunkt für Gläubige aus der ganzen Bretagne

Praktische Hinweise

Information: Office de Tourisme, 46, rue Gambetta, Tel. 02 98 61 12 13, E-Mail: tourisme.roscoff@wanadoo.fr

Hotels

*** **Inter-Hôtel Régina**, 1, rue Roparz Morvan, Tel. 02 98 61 23 55, Fax 02 98 61 10 89. Familienhotel mit bestem Service, preiswerten Zimmern und Restaurant direkt neben dem Bahnhof.

 *** **Talabardon**, pl. de l'Église, Tel. 02 98 61 24 95, Fax 02 98 61 10 54, Internet: www.talabardon.fr. Erstes Haus am Platz, gegenüber der Kirche, Hotel und exquisites Restaurant mit gehobenen Preisen.

** **Les Alizes**, Tel. 02 98 59 72 22, Fax 02 98 61 11 40. Preisgünstiges Hotel garni am alten Hafen.

Restaurant

Des Arcades, 15, rue Amiral Réveillère, Tel. 02 98 69 70 45. Hotelrestaurant mit Traumblick vom Speisesaal aus auf den Hafen, gute und günstige Küche. Spezialitäten sind Fisch und Meeresfrüchte.

34 Le Folgoët

Wallfahrtsort mit bedeutender gotischer Kirche.

Nordöstlich von Brest erreicht man auf der D 788 nach etwa 20 km mit dem Dorf Le Folgoët einen der bekanntesten Wallfahrtsorte der Bretagne. Hier wird am ersten Sonntag im September der **Grand Pardon de Notre-Dame** gefeiert. Von weitem sichtbar ist der 57 m hohe Kirchturm, der den Marktplatz als einer der schönsten der Bretagne majestätisch überragt.

Die für die Größe des Ortes ungewöhnlich stattliche Wallfahrtskirche **Notre-Dame** wurde in der ersten Hälfte des 15. Jh. im gotischen Flamboyantstil errichtet. Der nördliche Turm mit dem typischen durchbrochenen Helm erhebt sich über einer Balustrade, die den quadratischen Unterbau abschließt. Ein zweiter Turm blieb unvollendet. Der Ursprung der Kirche geht auf eine Legende zurück, nach der ein ›Fol Goat‹, der Verrückte vom Wald namens Salaün, welcher nur die Worte Ave Maria auszusprechen wusste, in der Nähe einer Quelle – an der Stelle der heutigen Kirche – verstarb, woraufhin eine weiße Lilie auf seinem Grab erschien. Auf ihren Blättern soll sie die Inschrift Ave Maria getragen haben. Dies war Grund genug für Herzog Jean IV., die heutige Kirche zu gründen, die nach knapp 40 Jahren Bauzeit 1460 fertig gestellt war. Bemerkenswert am Äußeren ist vor allem das reich verzierte südliche *Eingangsportal*, dem gegenüber sich ein schlichter gotischer Calvaire befindet. Das nur schwach erhellte Kircheninnere enthält die sehenswerten *Statuen* der hll. Katharina, Marguerite und von Johannes dem Täufer (15. Jh.) aus Kersantoner Granit. Aus dem gleichen Material ist der prächtige gotische *Lettner* aus dem 15. Jh., zwischen Langhaus und Chor. Mit seinen drei reich verzierten Bögen und den beiden Altären stellt er ein harmonisches und in seinen Proportionen ausgewogenes Schmuckstück dar. Unter dem Hauptaltar der Kirche entspringt die *Quelle des Narren*, die außen an der Ostseite der Kirche in einen gotischen Brunnen mündet.

Ausflug

In östlicher Richtung erreicht man von Le Folgoët aus nach etwa 20 km (D 788, D 30) das **Château Kerjean** (Juli/Aug. tgl. 10–19 Uhr; Juni/Sept. Mi–Mo 10–18 Uhr; sonst So und Mi 14–17 Uhr), eines der stattlichsten bretonischen Renaissanceschlösser. Inmitten eines weiten *Parks* mit altem Baumbestand führt eine majestätische Buchenallee auf das Schloss zu, das 1560 an der Stelle eines kleineren Landsitzes errichtet wurde. Bauherr war die wohlhabende Familie Barbier. 1618 wurde Kerjean von Ludwig VIII. zum Marquisat erhoben. Im Besitz der Familie blieb es bis zur Französischen Revolution; seit 1911 ist das Schloss in Staatsbesitz.

Die befestigte Anlage wird außen von breiten Gräben umgeben, innen umschließt sie einen weiten *Ehrenhof*; Eckbastionen verstärken noch den Festungscharakter. Die Aufteilung in Wohntrakt, Wirtschaftsräume, Kapelle und Wehrmauer entspricht den traditionellen Vorgaben. In einer Ecke des Hofes fällt ein schöner *Renaissance-Ziehbrunnen* mit einem Säulenbaldachin auf.

Im *Innern* vermitteln die schlichten Räume mit den großen Kaminen, den alten Möbeln aus der Region – Truhen, Schränken und mit Schiebetüren verschließbaren Schrankbetten – einen guten Eindruck von der früheren Ausstattung.

35 **Brest** *Plan Seite 70*

Historisch bedeutende, im Zweiten Weltkrieg zerstörte Hafenstadt.

Vom alten Baubestand der einstigen Hafenstadt ist so gut wie nichts erhalten, nachdem der von den Deutschen zu einem U-Boot-Stützpunkt ausgebaute Ort 1944 bei alliierten Fliegerangriffen fast vollständig zerstört wurde. Nur die alte Festung an der Mündung des Flüsschens Penfeld zeugt noch vom früheren Stolz eines der ehrwürdigsten Häfen des Landes. Unverändert ist allerdings die beeindruckend schöne Lage Brests, dessen Häusermeer die Hänge oberhalb der lang gestreckten Bucht *Rade de Brest* bedeckt.

<u>**Geschichte**</u> Schon immer verdankte Brest seine Bedeutung als Hafenstadt der günstigen geographischen Lage inner-

Reste einer bewegten Geschichte – das alte Château von Brest mit dem mächtigen Donjon aus dem 16. Jh. ist bis heute nahezu unbeschadet erhalten

Nordwestliches Finistère – Brest

Wunderwelt des Ozeans – das Aquarium Oceánopolis ist Attraktion für Jung und Alt

halb der ausgedehnten und nur durch eine schmale Einfahrt zugänglichen Bucht. Sie bot den vor Anker liegenden Schiffen idealen Schutz. Im 17./18. Jh. stieg Brest unter Ludwig XIV. zum wichtigsten französischen *Kriegshafen* auf. Den neuen **Port de Commerce** an den Ufern des Elorn ließ Napoleon III. 1856 anlegen. Nach ihrer Zerstörung 1944 wurde die Innenstadt von Brest im Schnellverfahren wieder aufgebaut und wirkt daher wenig einladend. Brest ist mit 200 000 Einwohnern die größte Stadt des Finistère und nach wie vor ein wichtiger Hafen und Marinebasis. Mit der 1968 gegründeten **Université de Bretagne Occidentale** ist Brest neben Rennes zum zweiten *akademischen Zentrum* der Bretagne avanciert. Der größte Arbeitgeber ist weiterhin die Marine mit ihrer ausgedehnten Werftindustrie. Mit der Abschaffung der allgemeinen Wehrpflicht in Frankreich durch Jacques Chirac und dem damit verbundenen Abbau der Truppen ist jedoch die Krise für die Stadt vorprogrammiert.

Auf moderne Entwicklungen deutet das französische *Forschungsinstitut* zur

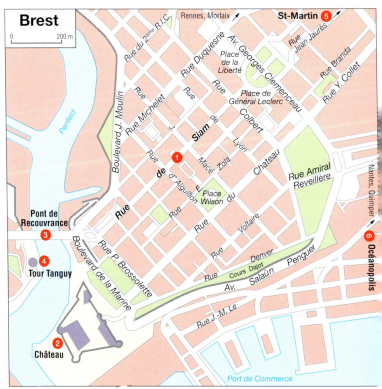

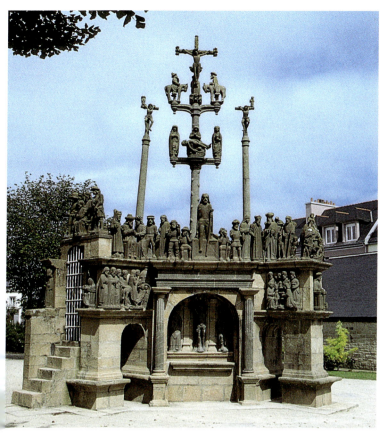

Sieger nach Maß – in Plougastel-Daoulas befindet sich der größte Calvaire der Bretagne

Nutzung der Meere (IFREMER) hin, das sich im Westen der Stadt an der Küste entlangzieht und über 600 Forscher beschäftigt. Mit Océanopolis wurde außerdem 1990 das größte und modernste Aquarium Europas eröffnet.

Besichtigung Die schachbrettartig angelegte Innenstadt durchzieht die breite Promenade und Geschäftsstraße **Rue de Siam** ❶, die auf den weiten Doppelplatz Place du Général Leclerc und Place de la Liberté mündet. Am unteren, südwestlichen Ende der Rue de Siam erhebt sich in bevorzugter Lage an der Spitze der Landzunge auf einem Felsen die alte Burg von Brest, das **Château** ❷. Es wurde an der Stelle eines römischen Castrums im 12. Jh. errichtet und von Vauban, dem Festungsarchitekten Ludwigs XIV., zu seiner heutigen Gestalt erweitert. Der mächtige Donjon stammt aus dem 16. Jh. Einst war das Château Sitz der Grafen von Léon. Heute befinden sich in seinen düsteren, wuchtigen Mauern die Marinepräfektur und das **Museé de la Marine** (April–Sept. Mi–Mo 10–18.30, Di 14–18.30 Uhr, Okt.–März Mi–Mo 10–12, 14–18 Uhr) mit Dokumenten zur Geschichte der französischen Kriegsflotte und des Hafens von Brest sowie zahlreichen Schiffsmodellen.

Gegenüber dem Château führt die berühmte Hebebrücke **Pont de Recouvrance** ❸ zum gleichnamigen Stadtteil, wo sich der **Tour Tanguy** ❹ befindet. Dieser nach der Zerstörung 1944 originalgetreu wieder aufgebaute Turm beherbergt das **Musée du Vieux Brest** (Juni–Sept. tgl. 10–12, 14–19 Uhr, Okt.–Mai Mi, Do 14–17, Sa, So 14–18 Uhr), das die wichtigsten stadtgeschichtlichen Ereignisse bis 1939 dokumentiert.

Oberhalb der Place de la Liberté führt die Rue Jean Jaurès hangaufwärts zum Viertel **St-Martin** ❺, das sich rund um die gleichnamige Kirche erstreckt. Dieses als einziges unzerstört gebliebene Viertel strahlt mit seinen Studentenlokalen und Cafés um die *Place Guérin* noch heute einen lässigen Charme aus.

Eine Attraktion östlich des Stadtzentrums ist das 1990 erbaute Meeresmuseum und Aquarium **Océanopolis** ❻ (April–Sept. tgl. 9–19 Uhr, Okt.–März bis 18 Uhr) am Jachthafen, das zu den meistbesuchten Museen der Region gehört. Das moderne Glas- und Betongebäude in Gestalt eines riesigen Krebses präsentiert nicht nur vielfältige Aquarien, sondern u. a. auch Abteilungen zur Schifffahrt, zu Seevögeln, Algen und ihrer Nutzung durch den Menschen sowie Muscheln und Austern und ihren Zuchtmethoden.

Ausflug

Etwa 10 km südlich von Brest (N 1165) liegt südlich der modernen, 1994 eingeweihten Elorn-Brücke *Pont de l'Iroise*, die Brest mit der Halbinsel Plougastel verbindet, **Plougastel-Daoulas**. Der Ort wurde im Krieg weitgehend zerstört und hat nach der Restaurierung seines Pfarrbezirks viel von der ursprünglichen Stimmung eingebüßt. Sehenswert ist jedoch nach wie vor der imposante **Calvaire** (1602–04). Er ist der größte der Bretagne und zeigt mit seinen von 180 Figuren bevölkerten Szenen Ähnlichkeiten mit dem Calvaire von Guimiliau [Nr. 23].

Praktische Hinweise

Information: Office de Tourisme, 8, av. Georges Clemenceau, Tel. 02 98 44 24 96, Internet: www.mairie-brest.fr

Hotels

*****De la Paix**, 32, rue d'Algésiras, Tel. 02 98 80 12 97, Fax 02 98 43 30 95. Zentral, nahe der Place du Générale Leclerc gelegenes Hotel mit gutem Komfort.

** **Atlantis**, 157, rue Jean Jaurès, Tel. 02 98 43 58 58, Fax 02 98 43 58 01, Internet: www.atlantisbrest.com. Modernes, gut ausgestattetes Haus mit Restaurant im Viertel St-Martin.

Restaurant

A l'Abri du Pêcheur, 6, rue de Siam, Tel. 02 98 44 44 21. Günstiges Restaurant, auf Fisch und Meeresfrüchte spezialisiert.

36 Côte des Abers

Die Nordwestküste, einer der unberührtesten Küstenabschnitte der Bretagne.

Westlich von Brest führt die belebte D 789 zum Kap **Pointe de St-Mathieu**. Die Landspitze wird beherrscht vom Leuchtturm und den benachbarten Ruinen der gotischen Stiftskirche **St-Mathieu**. Sie gehörte zu einer im 6. Jh. vom hl. Tanguy gegründeten Abtei, in der der Legende nach eine Reliquie des hl. Matthäus aufbewahrt wurde. Von der nach der Französischen Revolution zerstörten Abtei stehen heute noch Chor, Haupt- und Seitenschiffe aus dem 13. bis 16. Jh.

Etwa 3 km nördlich liegt die ehemalige Seeräuberstadt **Le Conquet**, ein Fischerort mit 2000 Einwohnern, vor dessen Küste vor allem Hummer und Langusten gefangen werden. Der Ort dehnt sich oberhalb eines gut geschützten Hafens aus, von dem aus jeden Morgen die Schiffe in Richtung Île d'Ouessant starten. Alte Häuser prägen das Stadtbild und verleihen dem Ort einen ursprünglichen Charme. Nördlich befindet sich der 1,5 km lange Sandstrand *Les Blancs Sablons*. Nach Norden und Nordosten verlaufen die tief eingegrabenen Flussmündungen, die der Landschaft ihr charakteristisches Gepräge verleihen, wie Aber Ildut, Aber Benoît und Aber Wrac'h. Dazwischen liegen kleine idyllische *Häfen* wie **Lanildut**, der bedeutendste europäische Hafen für Seetangsammler, oder **Portsall**, Schauplatz des verheerenden Tankerunglücks von 1978 vor der bretonischen Küste.

Praktische Hinweise

Information: Office de Tourisme, pl. de Brest, Le Conquet, Tel. 02 98 89 11 31, Fax 02 98 89 08 20

Hotels

** **La Pointe Ste-Barbe**, Le Conquet, Tel. 02 98 89 00 26, Fax 02 98 89 14 81. Hotel in schöner Lage südlich des Hafens, gehobenes Niveau.

* **De Bretagne**, Le Conquet, mitten im Dorf, Tel. 02 98 89 00 02. Einfache Unterkunft mit Restaurant.

Restaurant

Crêperie du Château d'Eau, Ploudalmézeau, Tel. 02 98 48 15 88. Crêperie im Wasserturm auf 50 m Höhe mit traumhafter Aussicht.

Côte des Abers / Île d'Ouessant

Blickpunkt mit malerischen Kontrasten – neben den Mauerresten der gotischen Stiftskirche am Kap Pointe de St-Mathieu strahlt der Leuchtturm in frischem Weiß

L'Abri côtier, am Hafen von Lanildut, Tel. 02 98 04 10. Restaurant mit Blick auf den lebhaften Tangsammlerhafen; sehr vielfältige Speisekarte, donnerstags bretonische Spezialitäten, jeden Mittag sehr preiswerte Menüs.

37 Île d'Ouessant

Raues Eiland vor der Westküste mit eindrucksvollem Leuchtturmmuseum.

Vor der Pointe de St-Mathieu befindet sich der Archipel von Ouessant mit der Île d'Ouessant als größter Insel. Sie liegt in 20 km Entfernung vom Festland und ist per Schiff von Brest (2 Std.) oder von Le Conquet aus (1 Std.) erreichbar. Kurz vor der Insel muss jedes Schiff die gefährliche *Passage du Fromveur* durchfahren, eine der stärksten Meeresströmungen der Welt (13 km/h), eine Verzweigung des Golfstroms. Die Insel mit ihren gut 1000 Einwohnern ist 7 km lang, 4 km breit, und hat die Form einer Krebszange. Der Landsockel aus Schiefer und Granit erreicht eine maximale Höhe von 65 m über dem Meeresspiegel und besitzt nur einen kleinen Sandstrand, sonst ist die Küste von steilen Felsabfällen bestimmt. Die Hochfläche ist karg, es wächst kein Baum. An durch Feldmäuerchen geschützten Stellen werden noch hie und da Kartoffeln und Gemüse angebaut. Weit verbreitet ist die Schafhaltung, das von der Salzluft benetzte Gras liefert wunderbar mildes Fleisch, ähnlich dem *Agneau de pré-salé* von der Bucht des Mont St-Michel. Die Bewohner betreiben außerdem Muschelzucht, Hummer- und Langustenfang sowie Algenabbau. Leben können die meisten Familien davon aber nicht, viele Männer fahren deshalb zur See oder sind in der Werftindustrie von Brest beschäftigt.

Bei einem Besuch der Insel sollte man sich gleich am Hafen ein Fahrrad mieten und mit ihm auf Erkundungsfahrt gehen. Einen Besuch wert ist das **Ecomusée** (Juni–Sept. Di–So 10.30–18.30 Uhr, Okt.–März 14–16 Uhr, April/Mai 14–18.30 Uhr) westlich des Hauptortes **Lampaul** im kleinen Weiler *Niou Uhella*. Hier wurden zwei alte Häuser aus dem 18. und 19. Jh. mit traditionellem Mobiliar aus Treibholz sowie Werkzeugen, Trachten und einer Ausstellung zur Geologie der Insel eingerichtet.

Wenige Hundert Meter weiter westlich erreicht man den Leuchtturm **Phare de Créac'h**, eines der stärksten Signale der Welt. Sein Leuchtfeuer reicht etwa 60 km weit. Im *Musée des Phares et Balises* (Öffnungszeiten wie Ecomusée) im ehemaligen Maschinensaal wird anschaulich die Geschichte der Leuchtfeuer von der Antike bis in die Moderne erläutert. Auch die unterschiedlichen Beleuchtungssysteme sowie die Lebensbedingungen der Leuchtturmwärter werden angesprochen.

73

Nordwestliches Finistère – Île d'Ouessant / Daoulas / Presqu'île de Crozon

Praktische Hinweise

Information: Office de Tourisme, pl. de l'Église, Lampaul, Tel. 02 98 48 85 83, Fax 02 98 48 87 09, Internet: ot-ouessant.fr

Hotel

* **De l'Océan**, Lampaul, Tel./Fax 02 98 48 80 03. Kleines, freundliches Hotel, wo man auch gut isst.

Restaurant

Crêperie Ty a Dreuz, Lampaul, Tel. 02 98 48 83 01. Könnte wegen seiner Ausstattung fast als Heimatmuseum gelten; ausgezeichnete Crêpes.

38 Daoulas

Ehemalige Klosteranlage mit schönem Kreuzgang.

Auf dem Weg zur Halbinsel Crozon bietet sich ein Halt in dem kleinen Ort Daoulas an, in dem die Überreste der ehemaligen **Abbaye de Daoulas** (tgl. 9.15–11.20, 13.45–18.15 Uhr) zu besichtigen sind. Die ursprünglich im frühen 6. Jh. errichtete Anlage wurde von Normannen zerstört und im 12. Jh. unter den Grafen von Léon wieder aufgebaut. Während der Französischen Revolution wurden die Gebäude geplündert und verwahrlosten, bis man Ende des 19. Jh. mit einer aufwendigen Restaurierung begann. Von der Abteikirche sind noch Teile des linken Seitenschiffes aus romanischer Zeit erhalten, der größte Teil des Gebäudes wurde jedoch im 19. Jh. erneuert. Auf der Rückseite ist ein eleganter und gut erhaltener romanischer **Kreuzgang** sehenswert, dessen 32 Arkaden von schlanken Säulen getragen werden. In seiner Mitte steht eine runde Brunnenschale, die am Rand mit Gesichtern und geometrischen Motiven verziert ist. An den Kreuzgang schließt ein gepflegter **Klostergarten** mit üppiger Vegetation an, der der Anlage eine beschauliche Note verleiht. In den ehemaligen Klostergebäuden finden außerdem regelmäßig archäologische Ausstellungen mit international bedeutenden Themen und Exponaten statt.

39 Presqu'île de Crozon

Unberührte Landschaften und schöne Badestrände.

Die ausgedehnte Halbinsel, deren markante Kreuzform auf der Landkarte gut zu erkennen ist, ragt südlich der Bucht von Brest weit nach Westen in den Atlantik hinein. Sie ist Teil des Naturschutzgebietes **Parc Naturel Régional d'Armorique** und mit seinen Waldgebieten, steilen Felsküsten und wildromantischen Sandbuchten eine der landschaftlich ursprünglichsten und zugleich schönsten Regionen der Bretagne.

Von Brest aus erreicht man die Halbinsel über den Pont de Térénez, der über

Elegant und gut erhalten zeigt sich der romanische Kreuzgang der ehemaligen Abbaye de Daoulas

Presqu'île de Crozon

Ambitioniertes Schnitzwerk – in der modernen Kirche St-Pierre des Ferienortes Crozon kann man den hölzernen Altaraufsatz mit 400 dargestellten Figuren bewundern

den Fluss Aulne führt. Nach wenigen Kilometern zweigt rechts die Straße zu der reizvoll gelegenen alten **Abbaye de Landévennec** ab. Wie in Daoulas stehen auch hier von der ursprünglichen Anlage – der einzigen noch aus karolingischer Zeit stammenden Abtei der Bretagne – nur mehr Ruinen. Gegründet wurde sie 485 von dem irischen Mönch Guénolé. 818 wurden die bis dahin geltenden irischen Mönchsregeln durch die des hl. Benedikt abgelöst. Der romanische Bau des Klosters, dessen Überreste noch gut erkennbar sind, stammt aus dem 11. Jh., als die Abtei nach der vorherigen Zerstörung durch die Normannen neu und umfangreicher wieder errichtet wurde. Während der Französischen Revolution wurden die Gebäude neuerlich verwüstet und anschließend als Steinbruch benutzt. Ein Neuanfang erfolgte in den 50er-Jahren des 20. Jh., als die Benediktiner oberhalb der heutigen Ruinen ein neues Kloster errichteten. Die von üppiger Vegetation umgebenen Reste der *einstigen Abteigebäude* können heute nach Ausgrabungsarbeiten und einer umfangreichen Restaurierung besichtigt werden. Sehenswert sind das Eingangsportal sowie eine Reihe schöner Säulenkapitelle mit auffallenden Flechtwerkmotiven; rechts befindet sich in einer Seitenkapelle die rötlich schimmernde Statue des hl. Guénolé aus dem 16. Jh. An den Chor schließt die Kapelle an, die einst als Grabstätte des Königs Gradlon gedient haben soll. Neben den Ausgrabungsstätten ist ein *Museum* (Mitte Juni–Sept. Mo–Sa 10–19, So 14–19 Uhr) eingerichtet, das detailliert über die Geschichte der Christianisierung des Landes und über die Klostergeschichte informiert. Zu sehen sind u. a. ein vorromanischer Fliesenboden, eine Reihe von Faksimiles wertvoller bretonischer Manuskripte und ein Sarkophag aus Eichenholz, der das Skelett eines Grafen von Cornouaille enthielt.

In dem Ferienort **Crozon**, der der Halbinsel den Namen gab, kann man in der modernen Kirche *St-Pierre* am Marktplatz einen imposanten hölzernen Altaraufsatz mit 29 geschnitzten und bunt bemalten Paneelen aus dem frühen 17. Jh. bewundern. 400 Personen sind hier dargestellt, um das Martyrium der Thebäischen Legion, die Geschichte der 10 000 Soldaten zu illustrieren, die unter Kaiser Hadrian zum Christentum bekehrt und dafür gekreuzigt wurden.

Der etwa 2 km südlich in einer geschützten Bucht an der Südspitze der Halbinsel gelegene Ort **Morgat** ist eines der touristischen Zentren und seit vielen Jahren ein beliebtes Bade- und Urlaubsziel. Er verfügt über Jachthafen und Tauchschule, mehrmals täglich kann man

75

Nordwestliches Finistère – Presqu'île de Crozon

vom Hafen aus eine Bootsrundfahrt zu den berühmten Grotten von Morgat unternehmen. Wegen ihrer beachtlichen Tiefe von etwa 90 m und den farbigen Lichtreflexen des quarzhaltigen Gesteins ist die *Grotte de l'Autel* besonders eindrucksvoll.

Von Morgat aus führt der Weg zur südlichen Spitze der Halbinsel, dem **Cap de la Chèvre**. Durch einsame Heidelandschaft erreicht man die fast 100 m steil abfallende Felsküste unterhalb der Signalstation. Es bietet sich eine wunderbare Aussicht, besonders nach Norden auf die Pointe de Penhir.

Der am westlichen Küstenabschnitt der Halbinsel gelegene Ort **Camaret-sur-Mer** ist ein bedeutender Langustenhafen. In dem ausgedehnten Hafenbecken liegen noch die hölzernen Wracks der alten Fischkutter, die mittlerweile als Zeugnis des früher noch bedeutenderen Fischfangs musealen Wert gewonnen haben. Der Ort hat ein malerisches Gepräge und zog im vergangenen Jahrhundert viele Künstler an, die sich um den französischen Maler Eugène Boudin (1824–1898) scharten. Camaret gewinnt heute zunehmend als Jachthafen an Bedeutung und ist als Ferien- und Ausflugsort für die Bewohner von Brest eine der ersten Adressen. Eine Art Wahrzeichen am Ende der lang gezogenen Hafenmauer ist der von Vauban 1695 errichtete massive *Tour Vauban*, der von der einstigen Verteidigungsanlage erhalten blieb. Ein paar Schritte entfernt steht die *Chapelle Notre-Dame-de-Rocamadour* aus dem 16. Jh. mit tief herabgezogenem Dach. An der stimmungsvollen Hafenpromenade reiht sich Café an Café; besonders an Wochenenden herrscht hier einiger Trubel.

In der näheren Umgebung von Camaret liegen die wilden Sandstrände von **Toulinguet** und **Very'ach**. Wegen des starken Treibsands sind sie als gefährlich klassifiziert.

Am Ortsrand von Camaret-sur-Mer an der Straße zur Pointe de Pen-Hir stößt man auf die **Alignements de Lagatjar**, für diese Region seltene Zeugnisse jungsteinzeitlicher Kultur. Sie bestehen aus insgesamt 143 bis zu 3 m hohen Menhiren aus weißem Quarzit. Ihre quadratische Anordnung lässt auf eine frühe Kultstätte schließen.

Landschaftlicher Höhepunkt der Halbinsel Crozon und – in seiner wilden Romantik – einer der schönsten Plätze der Bretagne ist die Felsenküste um die **TOP TIPP** **Pointe de Pen-Hir** mit den drei vorgelagerten Felsinseln **Tas de Pois** (Erbsenhaufen).

Die **Pointe des Espagnols** an der Spitze des nördlichsten Fingers der Crozon-Halbinsel gewährt einen atemberaubenden Blick auf Brest.

Grotten und Felsen bei Camaret-sur-Mer inspirierten den ›Nabis‹-Künstler Georges Lacombe um 1892 zu dem Bild ›La mer jaune, Camaret‹ (Brest, Musée des Beaux-Arts)

Presqu'île de Crozon

Sonniges Strandvergnügen – Morgat ist seit langem ein beliebter Bade- und Urlaubsort

Praktische Hinweise

Information: Office de Tourisme, 15, quai Kléber, Camaret-sur-Mer, Tel. 02 98 27 93 60, Fax 02 98 27 87 22, Internet: www.camaret-sur-mer.com

Hotels

*****Thalassa**, quai du Styvel, Camaret-sur-Mer, Tel. 02 98 27 86 44, Fax 02 98 27 88 14, Internet: www.hotel-thalassa.com. Freundliches Haus am Nordrand des Hafens mit 45 Zimmern und Schwimmbad.

****De France**, quai du Styvel, Camaret-sur-Mer, Tel. 02 98 27 93 06, Fax 02 98 27 88 14. Gut gepflegtes, modernes Hotel am Hafen mit Restaurant.

****Le Clos St-Yves**, 61, rue Alsace Lorraine, Crozon, Tel. 02 98 27 00 10, Fax 02 98 26 19 21. Preiswertes Mittelklassehotel mit guter Küche.

Restaurants

Julia, 43, rue de Tréflez, Morgat, Tel. 02 98 27 05 89. Etwas abseits der Uferpromenade gelegenes nettes Hotelrestaurant mit feiner Küche.

Landschaft von ihrer leidenschaftlichsten Seite – wild-zerklüftete Felsformationen, von der Natur bei Pointe de Pen-Hir dramatisch ins tosende Meer gestellt

Nordwestliches Finistère – Presqu'île de Crozon / Ménez Hom / Pleyben

Griechische Mythologie – ein Gesimsbalken in der Kirche von Pleyben zeigt Prometheus, dem der Adler die Leber entreißt

Styvel, quai du Styvel, Camaret-sur-Mer, Tel. 02 98 27 92 74. Das Hotelrestaurant am Hafen serviert erlesene Fischgerichte.

40 Ménez Hom

Berggipfel mit atemberaubendem Panorama.

Der Berg aus Quarzit, der an der D 887 (Crozon – Chateaulin) liegt, ist mit seinen 330 m Höhe der letzte Ausläufer des zentralen Berglandes der *Montagnes Noires*. Da sich der Ménez Hom so nahe der Küste befindet, erscheint er besonders hoch. Die Fernsicht ist bei klarem Wetter einzigartig, von keinem anderen Punkt in der Bretagne genießt man einen derartigen Überblick. Douarnenez und seine Bucht liegen zum Greifen nahe, in der Ferne erkennt man die Pointe du Van, näher liegt das Cap de la Chèvre an der Südspitze der Presqu'île de Crozon. Die Bucht von Brest und die Hafenstadt selbst sind zu erkennen, im Vordergrund die mächtige Brücke über die Aulne kurz vor ihrer Mündung in die Bucht von Brest. Im Osten erblickt man schließlich die scharfen Schieferzacken der Monts d'Arrée. Deutsche Bunkerreste aus dem Zweiten Weltkrieg an den Berghängen bezeugen heute noch die wichtige strategische Lage des Berges nahe der Hafenstadt Brest.

41 Pleyben

Pfarrbezirk mit monumentalem Calvaire und Kirche mit berühmten Schnitzbalken.

Etwas abseits der meisten umfriedeten Pfarrbezirke gelegen, erreicht man Pleyben von der Presqu'île de Crozon aus über Châteaulin. Die Ausmaße des Pfarrbezirks überraschen, der Ort war im 16. Jh. jedoch größer als heute. Besonders dominant wirkt der **Calvaire**, der 1555 nahe der südlichen Vorhalle der Kirche entstand, 1650 versetzt wurde, dabei weitere Figurenszenen erhielt und schließlich 1738 seinen heutigen Standort bekam. Man findet in klarer Übersicht die üblichen Szenen von der Verkündigung bis zur Auferstehung. Das Leidensmotiv der Figuren wird durch die Tränen auf vielen Gesichtern noch verstärkt.

Die **Kirche** entstand ab 1564, im Süden schmückt sie ein Glockenturm im Stil der Renaissance (1588–1642), der zum Prototyp vieler bretonischer Renaissancetürme wurde. Im Kircheninnern verdient die Schnitzarbeit an den Gesimsbalken (*Sablières*) Aufmerksamkeit. Bunt bemalte Szenen des Alltags, der Bibel und der griechischen Mythologie wechseln sich ab. Im südlichen Querschiff sieht man Geburt und Beschneidung Christi sowie die griechische Sagengestalt Prometheus, dem ein Adler die Leber aus dem Leib reißt.

Praktische Hinweise

Information: Office de Tourisme, pl. Charles de Gaulle, Tel. 02 98 26 71 05

Südwestliches Finistère – Land der Spitzenhauben und steilen Kaps

Die Region des ehemaligen Königreichs Cornouaille mit der Hauptstadt Quimper umfasst die weit nach Westen in den Atlantik hineinragende Halbinsel Sizun und das südlich angrenzende Bigoudenland. Die alte granitene Stadt **Locronan**, die traditionsreiche Provinzkapitale **Quimper**, die im Flamboyantstil errichtete Kirche von **Pont-Croix**, der Calvaire von **Notre-Dame-de-Tronoën** und die romanische Église St-Tudy von **Loctudy** sind die kunsthistorischen Attraktionen in dieser südwestlichen Ecke der Bretagne. Landschaftliche Höhepunkte stellen zweifellos die wild zerklüfteten Felsklippen am **Cap Sizun** und der **Pointe du Raz** dar.

42 Quimper *Plan Seite 80*

Traditionsreiche Hauptstadt des Finistère mit einer ehrwürdigen Kathedrale und hübscher Altstadt.

Quimper am Zusammenfluss von Odet und Steir liegt knapp 20 km vom Meer entfernt. Als Hauptstadt des Département Finistère ist sie mit ihrer berühmten Cathédrale St-Corentin, einer der schönsten Altstädte der Bretagne und ihren belebten Einkaufsstraßen das touristische Zentrum der gesamten Region und für Ausflüge in die Umgebung bestens geeignet.

Geschichte Die Stadt wurde nach der Legende Anfang des 6. Jh. neben dem Hügel, auf dem schon die Römer eine Siedlung errichtet hatten, gegründet. Es war dies die Zeit der Herrschaft des sagenumwobenen Königs Gradlon, der den Mönch Corentin zum ersten Bischof ernannte und Quimper zur Hauptstadt der Cornouaille erhob. Im 11. Jh. wurde im Stadtteil Locmaria südlich des Odet das gleichnamige Benediktinerkloster gegründet. Im 13. Jh. begann man schließlich mit dem Bau der heutigen Kathedrale. Auch später bewahrte die Stadt ihre – zumindest regional – bevorzugte Stellung, als sie nach der Vereinigung der Bretagne mit Frankreich im 16. Jh. Sitz eines Berufungsgerichts wurde und sich der niedrige Amtsadel hier niederließ.

Trotz einiger moderner Errungenschaften wie dem Bau eines Flughafens, dem Anschluss der Stadt an das TGV- und Schnellstraßennetz und der Gründung einer Technischen Hochschule herrscht noch immer der traditionelle Charme einer pittoresken, in der Saison allerdings touristischen Provinzstadt vor.

Besichtigung Im Zentrum des mittelalterlichen Stadtviertels, das sich nördlich des Odet erstreckt, steht die **Cathédrale St-Corentin** ❶. Mit dem Bau der 92 m langen Kirche wurde 1239 begonnen. Erst im 15. Jh. waren die Arbeiten abgeschlossen, die beiden Spitztürme hat man Mitte des 19. Jh. unter Napoleon III. hinzugefügt. Ihr Vorbild war der Kirchturm von Notre-Dame-de-Roscudon in Pont-Croix [Nr. 45]. Der viereckige Unterbau und die 76 m hohen Türme verleihen der Kathedrale einen dynamischen Charakter. An der Westfassade zwischen den Türmen ist das *Reiterstandbild* des legendären König Gradlon zu erkennen, darunter im Giebel über dem doppeltürigen Portal das Wappen des Hauses Montfort, jener Familie, die den bretonischen Erbfolgekrieg siegreich beendete.

Das **Innere** ist mit Ausnahme des frühgotischen Chors, der noch normannischen Einfluss zeigt, in hoch- und spätgotischem Stil gestaltet. Die mächtigen

Südwestliches Finistère – Quimper

Feine Handarbeit: Glasierte Tonwaren werden in Quimper seit dem 17. Jh. gefertigt

Bündelpfeiler im Hauptschiff und der Vierung, ein das gesamte Hauptschiff umlaufender Fries, hohe Obergadenfenster sowie ein Triforium mit doppelter Galerie verleihen dem Kirchenraum eine majestätische Wirkung. Die Harmonie wird nur dadurch gemindert, dass der lang gezogene Chor von der Längsachse des Hauptschiffes nach links abgeknickt erscheint. Vermutlich waren Geländeprobleme bei der Konstruktion der Grund für diese Achsenverschiebung: Als man auf den Fundamenten eines romanischen Vorgängerbaus das jetzige Langhaus errichtete, wollte man eine bereits vorhandene Kapelle als Apsidialkapelle in den heutigen Chor integrieren. Der Chor selbst stammt aus dem 13. Jh. und ist damit der älteste Teil des Baus. Dessen *Fenster* und die des Langhauses stammen aus dem 15. Jh. Beachtenswert ist ferner die geschnitzte *Kanzel* von 1679, deren Reliefs die Lebensgeschichte des hl. Corentin erzählen.

Südlich an die Kathedrale grenzt das ehemalige Bischofspalais (16.–19. Jh.), **TOP TIPP** das heute das **Musée Départemental Breton** ❷ (Juni–Sept. tgl.

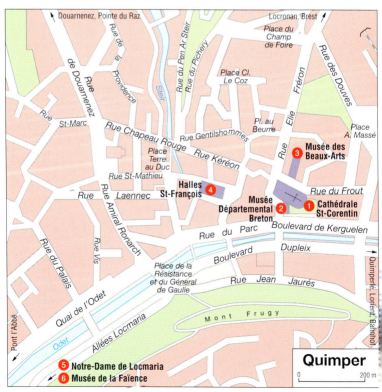

Quimper

Einst beim legendären König Gradlon, heute bei Touristen beliebt: Quimper lockt Reisende wegen der hübschen Altstadt und wegen der ehrwürdigen Cathédrale St-Corentin an

9–18 Uhr, Okt.–Mai Di–Sa 9–12 und 14–17, So 14–17 Uhr) beherbergt. Nach modernsten museumspädagogischen Gesichtspunkten aufbereitet, zeigt das Museum Funde aus der Vorgeschichte sowie aus keltischer und römischer Zeit. Skulpturen und Glasmalereien lassen Mittelalter und Renaissance lebendig werden. Besonders eindrucksvoll ist der Überblick über die Entwicklung der regionalen Trachten vom 18. Jh. bis in die heutige Zeit. In der Abteilung für Möbel (17.–20. Jh.) können Besucher u. a. ein typisches bretonisches Schrankbett besichtigen. Den Abschluss bildet die große Fayence-Ausstellung. Sie zeigt die bis heute wichtigen Produkte der heimischen Wirtschaft in ihrer kunstvollsten Art und Weise der Gestaltung.

Nördlich der Kathedrale begrenzt das **Musée des Beaux-Arts** ❸ (Juli/Aug. tgl. 10–19 Uhr, sonst Mi–Sa, Mo 10–12, 14–18, So 14–18 Uhr) die Place St-Corentin. Das Museum zeigt Werke der europäischen Malerei des 14.–20. Jh., vertreten sind Künstler wie Bartolo di Fredi, Guido Reni, Rubens, Boucher, van Loo und Corot sowie Maler der Schule von Pont-Aven [Nr. 50].

Gegenüber der Kathedrale in der Rue Kéréon (Straße der Schuster) beginnt der Bummel durch die **Altstadt**. Der Blick von hier auf die Kathedrale dürfte eines der beliebtesten Fotomotive der Bretagne

81

Südwestliches Finistère – Quimper, Vallée de l'Odet

> ### Ein keltisches Spektakel
>
> *Eines der größten, traditionsreichsten und meistbesuchten Feste der Bretagne veranstaltet Quimper mit* **TOP TIPP** *dem* **Festival de Cornouaille**. *Jeweils am 4. Sonntag im Juli und in der vorangehenden Woche werden zahlreiche Konzerte, Aufführungen und Ausstellungen geboten. Keltische Musikinstrumente wie Bombarden (Schalmeien), Binous (Dudelsäcke), Harfen und Trommeln begleiten die Tänzer und Tänzerinnen. Ein Höhepunkt ist der Umzug bretonischer Folkloregruppen. Dabei kann man die* **Trachten** *aus der ganzen Region bewundern.*

sein. Die mittelalterlichen Straßen und Plätze mit ihren mehrfach vorkragenden Fachwerkhäusern rund um die Place au Beurre, in der Rue Fréron und der Rue St-Mathieu bieten ein malerisches Bild. Südlich, parallel zur Rue Kéréon liegt die Markthalle **Halles St-François** ❹ mit ihrem täglichen Angebot an frischem Fisch, Käse, Obst und Gemüse. An den Ufern des Odet wandelt sich das Erscheinungsbild: Die eleganten Häuser, die die baumbestandene Uferpromenade säumen, stammen aus dem 18. und 19. Jh.

Die Altstadt eignet sich auch vortrefflich für Einkäufe – vor allem von Antiquitäten, Schmuck, Büchern, bretonischer Musik und Musikinstrumenten sowie Fayencen. Südlich des Odet sollte man auf jeden Fall die Kirche **Notre-Dame de Locmaria** ❺ besichtigen. Die kleine romanische Basilika gehört zu einer ehemaligen, 1030 gegründeten Benediktinerabtei. Sie wird von einem viereckigen Glockenturm überragt und besitzt ein sehenswertes romanisches Portal. Ebenfalls erhalten sind das schlichte Kirchenschiff sowie Reste eines Kreuzgangs mit romanischen Arkaden, der sich südlich an das Kirchenschiff anschließt.

In den Allées de Locmaria am linken Odetufer lädt das **Musée de la Faïence** ❻ (15. April–26. Okt. Mo–Sa 10–18 Uhr) zu einem Besuch ein. Die Fayencekunst von Quimper reicht bis ins 17. Jh. zurück. 1690 wurde mit den *Faïenceries de Quimper H. B. Henriot* (Rue Haute Locmaria, Mo–Fr 10–17 Uhr) die erste Manufaktur gegründet, die noch heute in Betrieb ist und gleich nebenan auch besichtigt werden kann.

Ausflug

Südlich von Quimper lohnt ein Ausflug in das malerische **Vallée de l'Odet** entweder zu einer Bootsfahrt oder einem Abstecher entlang der westlichen Uferstraße. Enge Flusswindungen wechseln mit seenartigen Ausbuchtungen ab. An

Effektvolle Häuserzier – die traditionellen glasierten Tonwaren Quimpers als Fachwerkschmuck und zugleich Werbemittel für ein Souvenirgeschäft in der Altstadt

Quimper, Vallée de l'Odet / Locronan

Zu Wasser oder zu Lande – ein Ausflug ins Vallée de l'Odet lohnt allemal

den Ufern verstecken sich hinter hohen Bäumen einige romantische Schlösser, die – in Privatbesitz – bestenfalls einen Blick auf ihr Äußeres erlauben.

Praktische Hinweise

Information: Office de Tourisme, pl. de la Résistance, am Fuß des Mont Frugy, Tel. 02 98 53 04 05, Fax 02 98 53 31 33

Hotels
*** **Gradlon**, 30, rue de Brest, Tel. 02 98 95 04 39, Fax 02 98 95 61 25, Internet: www.hotel-gradlon.com. Passables Hotel garni in der Altstadt.

** **Climat de France**, allée de Kernenez, Tel. 02 98 52 10 15, Fax 02 98 53 09 35, E-Mail: cdf.quimper@wanadoo.fr. Komfortables Hotel mit 41 Zimmern und Restaurant in Zentrumsnähe.

Restaurants
Crêperie A la Fringale, 4 bis, av. de la Libération, Tel. 02 98 90 13 12. Neben Crêpes gibt es zusätzlich täglich ein Regionalgericht.

L'Ambroise, 49, rue Elie Fréron, Tel. 02 98 95 00 02. Restaurant mit Fisch- und Buchweizenspezialitäten.

 43 Locronan

Stadt des hl. Ronan mit historischem Stadtbild und sehenswerter Wallfahrtskirche.

Der Ort mit seinen nur etwa 1000 Einwohnern liegt an den letzten Ausläufern der Montagnes Noires nordwestlich von Quimper (D 39) und bietet von den umliegenden Höhen eine schöne Aussicht bis zur Küste. Er trägt den Namen des **hl. Ronan**, der im 6. oder 9. Jh. aus Irland kam und im Wald von Nevet als meditierender Einsiedler Berühmtheit erlangte. Zahlreiche Legenden ranken sich um diese heilige Gestalt, die im Kampf mit der Hexe Keben viele Wunder vollbracht, Tiere besänftigt, Wunderheilungen bewirkt und dem Herzog der Cornouaille durch Gebet zum Schlachtensieg verholfen haben soll. Die Herzöge der Bretagne befreiten den Ort aus Ehrfurcht vor dem Heiligen von sämtlichen steuerlichen Abgaben. Zudem brachte der Tuchhandel Wohlstand.

Vom hl. Ronan lebt Locronan praktisch noch heute, beschert er doch im Sommer eine Flut von Touristen, die die sehenswerte Ortschaft mit ihrer bedeutenden Wallfahrtskirche besuchen. Die nur für Fußgänger zugängliche **Altstadt** mit ihren dunkelgrauen granitenen Häusern aus dem 16.–18. Jh. ist komplett erhalten und bietet daher ein einheitliches Bild. Die schmalen Gassen münden auf den Kirchplatz, der den Mittelpunkt des Städtchens bildet. Er wird auf drei Seiten von ansehnlichen zwei- und dreigeschossigen Häusern aus dem 17. Jh., jener Zeit, als Locronan aufgrund des blühenden Handels mit Segeltuch zu einem wohlhabenden Handelszentrum avancierte. Die vierte Seite des Platzes beherrscht die Westfront der Kirche **St-Ronan** mit ihrem wuchtigen viereckigen Turm, dessen Spitze im 19. Jh. durch Blitzschlag

83

Südwestliches Finistère – Locronan

zerstört wurde. Im 15. Jh. wurde sie mit finanzieller Hilfe der bretonischen Herzöge an der Stelle eines kleineren romanischen Baus errichtet. Durch das breite Hauptportal betritt man das relativ dunkle *Innere* mit seinem schönen steinernen Kreuzrippengewölbe. Licht fällt lediglich durch die Fenster der Seitenschiffe und das farbige Chorfenster. Die Ausstattung der Kirche ist besonders wertvoll.

Im Hauptschiff lehnen an den Mauern und Säulen polychrome *Statuen*. Die hölzerne *Predigtkanzel* von 1707 erzählt in farbigen Medaillons Szenen aus dem bewegten Leben des hl. Ronan.

Rechts an die Kirche St-Ronan grenzt die **Chapelle du Pénity** aus dem frühen 16. Jh. Sie wurde angeblich über dem Grab des hl. Ronan erbaut, und zwar im Auftrag von Königin Anne aus Dank für

Paradestück des Flamboyantstils in Locronan – die Kirche St-Ronan mit ihrem wuchtigen quadratischen Turm und rechts daneben die Chapelle du Pénity

die Geburt einer Tochter. An zentraler Stelle im Inneren thront das monumentale und doch zugleich elegante *Grabmal des hl. Ronan* aus Kersantoner Granit (1430). Sechs wappenhaltende Engel in Faltengewändern tragen die massive Liegefigur, die Ronan im Bischofsgewand darstellt. Den Bischofsstab stößt er einem Drachen ins Maul. An der Ostwand der Kapelle ist ferner eine schöne polychrome *Grablegung* aus dem 16. Jh., ebenfalls aus Granit, zu bewundern.

Praktische Hinweise

Information: Office de Tourisme, pl. de la Mairie, Tel. 02 98 91 70 14, Fax 02 98 51 83 64, Internet: www.locronan.org

Hotel

** Le Prieuré, 11, rue du Prieuré, Tel. 02 98 91 70 89, Fax 02 98 91 77 60. Hotel mit einem Restaurant, dessen Küche auf Fisch und Meeresfrüchte spezialisiert ist, nur wenige Schritte von der Wallfahrtskirche entfernt, Logis de France.

44 Douarnenez

Lebhafte Hafenstadt mit einem interessanten Museumshafen.

Die Straße von Locronan nach Westen (D 7) über die Cornouaille-Halbinsel bis zur äußersten Spitze, der meerumtosten Pointe du Raz, führt zunächst zur Hafenstadt Douarnenez an der gleichnamigen Bucht. Die Stadt mit ihren 20 000 Einwohnern ist einer der bedeutendsten bretonischen *Fischereihäfen* und ein Zentrum der Fischkonservenindustrie in Frankreich. Mehr als 20 000 t Fisch, Krustentiere und Jakobsmuscheln werden hier jährlich verarbeitet. Drei Häfen umgeben die auf einem Plateau ins Meer hinaus ragende Stadt beiderseits des Mündungstrichters des Port-Rhu.

Douarnenez bietet zwar keine historisch bedeutende Architektur, dafür aber die in der Bretagne seltener gewordene Atmosphäre einer lebendigen Hafenstadt. Außerdem kann Douarnenez mit einem außergewöhnlichen Museum aufwarten, dem **Musée du Bateau & Port-Museé** (Mitte Mai–Sept. Di–So 10–17.30 Uhr, sonst tgl. 10–17.30 Uhr) im alten Hafen Port-Rhu an der Place de l'Enfer. Im Gebäude einer alten Konser-

Wallfahrt auf bretonisch

Einmal im Jahr, am 2. Sonntag im Juli, ist Locronan Schauplatz der **Troménie de Locronan**, *einer Wallfahrt zu Ehren des hl. Ronan. Diese gibt es in der kurzen, 5 km langen Variante der* **Petite Troménie**, *und in der langen, über 12 km, die die Pilger nur alle sechs Jahre, anlässlich der* **Grande Troménie**, *zurücklegen. Der Weg soll laut Überlieferung dem täglichen Buß- und Bittgang des Eremiten Ronan folgen, den er alle sechs Tage über eine größere Entfernung unternommen haben soll.*

Betrachtet man das Wallfahrtsgeschehen, die Strecke und die Stationen unterwegs genauer, erkennt man bald, dass ihm noch alte **keltische Riten und Bräuche** *zugrunde liegen. Die Grande Troménie mit ihren 12 Stationen ist die Nachfolgerin einer keltischen Prozession, die den Lauf des Jahres mit seinen 12 Monaten und den großen keltischen Festen wiedergibt. Der Höhepunkt der Wallfahrt ist die* **10. Station**, *die auf einem Hügel gelegene kleine Kapelle St-Ronan, vor der ein längerer Gottesdienst gehalten wird. Übertragen auf die keltische Monatswallfahrt entspräche diese bei einem Jahresbeginn im November dem Monat August und damit dem Fest für den wichtigen keltischen Fruchtbarkeitsgott Lug. Auch die christliche Wallfahrt kennt den Wunsch nach* **Fruchtbarkeit**: *Frauen mit unerfülltem Kinderwunsch oder Mütter nach einer glücklichen Niederkunft kamen von weit her angereist, um auf den Spuren des hl. Ronan zu bitten oder zu danken. Sogar die Herzogin Anne de Bretagne tat dies nach der Geburt ihres Kindes. Das Berühren eines markanten Steines nahe der 12. Station sollte gar den ersehnten Nachwuchs bringen.*

Heute stehen die vielen Besucher jedoch nicht wegen der alten Fruchtbarkeitsriten am Wegesrand, sondern weil sie die **Trachten** *der Teilnehmer dieser farbenfrohen und traditionsreichen Wallfahrt bewundern und fotografieren wollen.*

Südwestliches Finistère – Douarnenez

Auf den Spuren des bretonischen Schiffbaus und der Seefahrt – im Musée du Bateau & Port-Musée von Douarnenez gibt es mehr als 200 verschiedene Bootstypen zu sehen

venfabrik wird die Technik und die Geschichte des Schiffbaus von den Anfängen bis heute anschaulich demonstriert. Mehr als 200 verschiedene Bootstypen (Fischerboote, Transport- und Ausflugsschiffe) aus aller Welt sind zu besichtigen. Der Besucher erhält außerdem die Gelegenheit, auf den alten Kuttern Ausflüge zu unternehmen.

Praktische Hinweise

Information: Office de Tourisme, rue Docteur-Mevel, Tel. 02 98 92 13 35, Fax 02 98 92 70 47, Internet: www.douarnenez-tourisme.com

Hotels

*** **Le clos de Vallombreuse**, 7, rue d'Orves, Tel. 02 98 92 63 64, Fax 02 98 92 84 98, Internet: www.closvallombreuse.com. Das Hotel mit Restaurant ist die erste Adresse der Stadt und bietet 25 Zimmer mit Meerblick, außerdem einen lauschigen Park sowie ein Schwimmbad.

** **De France**, 4, rue Jean Jaurès, Tel. 02 98 92 00 02, Fax 02 98 92 27 05. Bretonisch möbliertes Hotel mit Restaurant in historischem Haus im Zentrum, 5 Min. vom Museums- und vom Fischereihafen entfernt; Logis de France.

Restaurants

Auberge de Kerveoc'h, route de Kerveoc'h, Tel. 02 98 92 07 58. In einem alten Gutshof eingerichtetes gehobenes Restaurant und Hotel.

Chez Fanch, 49, rue Anatole France, Tel. 02 98 92 31 77. Restaurant mit bretonischer Fischsuppe und anderen Meeresspezialitäten.

45 Pont-Croix

Malerischer Ort mit romanisch-gotischer Kirche Notre-Dame-de-Roscudon.

Das bei den meisten Bretagne-Besuchern noch relativ unbekannte Städtchen 15 km westlich von Douarnenez (D 765) mit seiner malerischen **Altstadt** oberhalb des Flüsschens Goyen kann man wahrlich als Kleinod bezeichnen.

An der kleinen Place de l'Église, einem architektonisch geschlossenen Ensemble graniterner Bauten des Spätmittelalters, erhebt sich die im 13. Jh. errichtete Kirche **Notre-Dame-de-Roscudon**. Das bedeutende Bauwerk ist das Prunkstück dieser alten Hafen- und Handelsstadt. Der 67 m hohe Spitzturm diente als Vorbild für die Türme der Cathédrale St-Corentin von Quimper [Nr. 42]. Besonders prächtig präsentiert sich das *südliche Portal*, das im 14. Jh. hinzugefügt wurde; es zeigt in seinen drei Spitzgiebeln, die das Portal überragen, den für die Region und diese Zeit typischen Rayonnantstil in üppigster Form: Die Wimperge sind reich mit gemeißeltem Blendmaßwerk in Kleeblattform ausgestattet. An der Spitze des großen Giebels erhebt sich die recht plumpe Figur des Gekreuzigten. Das *Innere* der Kirche zeigt schöne romanische Formen in besonders harmonischen Proportionen. Das achtjochige Hauptschiff, das Querschiff und der vierjochige Chor mit doppeltem Umgang stammen aus dem 13. Jh. Die schlanken Bündelpfeiler, die aus abwechselnd vier, sechs oder acht Säulen bestehen, und die geschwungenen Arkaden wirken ausgesprochen elegant. Über dem Hauptschiff wölbt sich eine tonnenförmige *Holzdecke*. Die Vierungspfeiler datieren später, man hat sie im 15. Jh. zur Stützung des Turms errichtet. Vier farbige *Fenster* auf der Südseite stammen aus dem 15. Jh., das Chorapsisfenster ist aus dem 16. Jh. Die *Kanzel* und der *Altar* sind Renaissancewerke des 17. Jh.

Praktische Hinweise

Information: Office de Tourisme, gegenüber der Kirche, Tel. 02 98 70 40 66 (nur in der Saison geöffnet). Informationen über Privatunterkünfte.

46 Audierne, Pointe du Raz, Pointe du Van und Cap Sizun

Einsame Gegend am Ende der Welt.

Westlich von Pont-Croix wird die Landschaft immer kärglicher. In **Audierne** mündet der Goyen ins Meer und bietet mit der weit ins Land hineinragenden Bucht einen gut geschützten natürlichen Hafen. Audierne besitzt mit den *Grands Viviers* die größten überdachten Meerwasserbecken Frankreichs, in denen Krustentiere zwischengelagert werden. Der Fischfang im Allgemeinen ist jedoch im Rückgang begriffen. Der Ort lebt heute weitgehend vom Tourismus. Er kann allerdings keine architektonischen Beson-

Meisterwerk des Flamboyant: Vorhalle von Notre-Dame-de-Roscudon in Pont-Croix

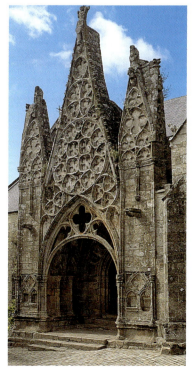

Südwestliches Finistère – Audierne, Pointe du Raz, Pointe du Van

In der Wiege des Windes: Meer, Wellen und Sturm haben die Felsen an der Pointe du Raz zu natürlichen Skulpturen geformt – ein landschaftliches Highlight der Bretagne

derheiten vorweisen, sondern gefällt in erster Linie aufgrund seiner schönen Lage. Die lang gestreckte *Uferpromenade* säumen kleine Restaurants, dahinter verlaufen die schmalen Gassen der Altstadt. Der schöne Strand von Audierne liegt am Südende im Ortsteil Ste-Evette. Von dort kann man auf die 7 km entfernte winzige **Île de Sein** mit ihrem idyllischen Hafen und dem Leuchtturm mit Aussichtsplattform übersetzen (Dauer der Überfahrt gut 1 Std.).

TOP TIPP Die Spitze der Halbinsel Sizun mit der **Pointe du Raz** und der Pointe du Van bieten ein meist stürmisches Schauspiel der Naturgewalt des Meeres. Wild zerklüftete Felsklippen von fast 70 m Höhe, an denen sich die Wellen brechen, eine fast vegetationslose, vom Wind gezeichnete, karge Landschaft. Die Pointe du Raz zieht im Sommer ganze Heerscharen von Touristen an, die bis vor wenigen Jahren die dünne Vegetationsdecke im Kapbereich völlig zertreten haben. Deshalb wurden inzwischen umfangreiche Renaturierungsmaßnahmen vorgenommen, 1996 schließlich alle Restaurants, Souvenirshops und Parkplätze entfernt. Etwa 1 km weiter im Landesinneren entstand ein neues Touristenzentrum, von dort gibt es nun eine kostenlose Busverbindung zum Kap. Nur noch auf vorgegebenen Wegen darf man jetzt gehen, die nachwachsende Vegetation dankt es den Besuchern.

Auch an der etwa 5 km nördlich gelegenen **Pointe du Van** schränken die Renaturierungsmaßnahmen inzwischen das ungezügelte Herumwandern am Kap ein. Unmittelbar am Steilabfall steht hier die kleine Kapelle *St-They*, in der die Fischersfrauen früher um gute Winde für ihre Männer beteten.

Zwischen beiden Kaps erstreckt sich die flache **Baie des Trépassés**, die Bucht der Dahingeschiedenen, mit dem gleichnamigen Hotel, das das ganze Jahr über denen offensteht, die die Einsamkeit suchen. Der nördliche Küstenabschnitt bis Douarnenez ist eine einzige Felsküste. Höhepunkt ist das **Cap Sizun** mit einem bekannten *Vogelschutzgebiet*, dessen Besuch v. a. in der Brutzeit im Frühjahr und Frühsommer lohnt. Möwen, Kormorane, Eissturmvögel, Trottellummen und Alken sind zu beobachten.

Praktische Hinweise

Information: Office de Tourisme, pl. de la Liberté, Audierne, Tel. 02 98 70 12 20, Fax 02 98 70 20 20

Hotels

*** **Le Goyen**, Audierne, am Hafen, Tel. 02 98 70 08 88, Fax 02 98 70 18 77. Erste Adresse im Ort, Hotel in einer ehemaligen Konservenfabrik mit vorzüglichem Restaurant.

** **Au Roi Gradlon**, 3, blvd. Manu Brusq, Audierne, Tel. 02 98 70 04 51, Fax 02 98 70 14 73. Direkt am Strand, Hotel mit guter, etwas teurer Küche.

 ** **De la Baie des Trépassés**, Plogoff – Baie des Trépassés, Tel. 02 98 70 61 34, Fax 02 98 70 35 20, Internet: www.baiedestrepasses.com. Hotel mit Restaurant in Traumlage an einem der schönsten Strände der Bretagne. Herrlicher Blick beim Abendessen auf die untergehende Sonne, regionale Spezialitäten.

** **Le Cabestan**, Audierne-Esquibien, Tel. 02 98 70 08 82. Etwa 2 km vom Zentrum entferntes Hotel mit Restaurant, ausgezeichnete Fischspezialitäten.

Restaurant

Goélette, 6, quai Camille-Pelletan, Audierne, Tel. 02 98 70 29 06. Auf Fisch spezialisiertes preiswertes Restaurant.

47 Notre-Dame-de-Tronoën

Ältester Calvaire der Bretagne.

Südöstlich von Audierne erstreckt sich ein flaches, melancholisch wirkendes

Trauer in Stein gemeißelt – die Kreuzabnahme am Calvaire von Tronoën zeigt Gefühle

Südwestliches Finistère – Notre-Dame-de-Tronoën / Pont-l'Abbé

Land, das nur von bescheidenen Dörfern besiedelt ist. Stichstraßen führen zu einer Reihe wilder Sandstrände. Wenige Kilometer südlich von Plonéour-Lanvern zweigt der Weg ab zu einem der interessantesten Calvaires der Bretagne. Die kleine Kirche **Notre-Dame-de-Tronoën** liegt einsam in der flachen Landschaft 2 km vom Meer entfernt und ist gerade ihrer kargen Umgebung wegen von großer Wirkung.

Der vielbesuchte **Calvaire** wurde 1450–70 neben der Kirche errichtet und ist der älteste der Bretagne. Von drei Kreuzen überragt, stehen die Figuren hier nicht wie bei den meisten Calvaires frei, sondern gruppieren sich angelehnt an einen massiven rechteckigen Sockel in zwei Reliefreihen. Auf der dem Meer zugewandten Seite haben Wind und Salz die Konturen der Figuren verwaschen. Die Verkündigungsszene, die Taufe Christi, die Kreuztragung und die bekannteste Szene, Maria im Wochenbett mit dem Jesusknaben neben sich, der die Weltkugel hält – zwei zeitlich disparate Motive mithin zu einer Szene kombiniert – sind jedoch deutlich erkennbar. Sie wirken aufgrund der Archaik des Ausdrucks ihrer Figuren besonders intensiv.

48 Pont-l'Abbé

Ruhige Kleinstadt, Hauptstadt der Region Bigouden.

Das Bigoudenland, der südliche Teil der Cornouaille, ist nach der in der Region noch hin und wieder anzutreffenden traditionellen Kopfbedeckung, den hohen **Spitzenhauben** der Frauen, benannt. Ein Bauernaufstand im Jahr 1675 hat den Bewohnern den Ruf außergewöhnlicher Eigenständigkeit eingebracht. In dieser Revolte der ›Bonnets Rouges‹ wählten die Gemeinden um die Hauptstadt Pont-l'Abbé selbst ihre Abgeordneten und proklamierten in einem Kodex eine Art Freiheitscharta. Der Herzog de Chaulnes unterdrückte den Aufstand und ließ die Glockentürme in Pont-l'Abbé und Umgebung niederreißen. Die Legende besagt, dass die hohen Spitzenhauben Ersatz für die zerstörten Kirchtürme darstellen sollten.

Pont-l'Abbé – am Ende des gleichnamigen Mündungstrichters unweit der Küste gelegen – ist nach der alten **Brücke** benannt, die über den Fluss und einen angrenzenden kleinen See führt. Die ruhige Kleinstadt gilt als Zentrum für Stickerei und gehäkelte Spitzen. Sie besitzt eine hübsche **Altstadt** mit beschaulichen Plätzen und vielen kleinen Geschäften.

Im wuchtigen Burgturm des **Château** (14.–18. Jh.) direkt an der alten Brücke ist heute neben der Stadtverwaltung das **Museé Bigouden** (April/Mai Mo–Sa 10–12, 14–17 Uhr, Juni–Sept. tgl. 10–12.30 14–18 Uhr) untergebracht, in dem man sich einen Überblick über die Geschichte der Region, das Kunsthandwerk und insbesondere die Tracht des Bigoudenlandes verschaffen kann. In mehreren Stockwerken sind eine Vielzahl von regional typischen Gebrauchsgegenständen, darunter die traditionellen Kopfbedeckungen, Kostüme, Möbel und Zeugnisse religiöser Kunst, ausgestellt.

Hoch hinaus – zur Tracht des Bigoudenlandes gehört die traditionelle Kopfbedeckung

Pont-l'Abbé, Loctudy

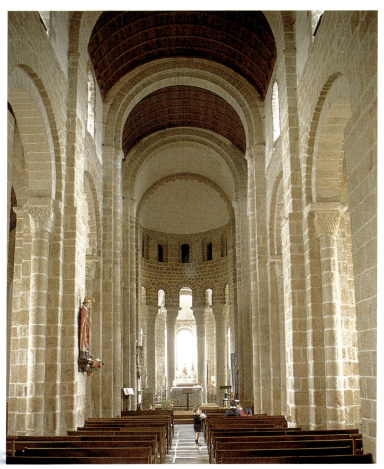

Selten in der Bretagne: Romanik wie in der stimmungsvollen Kirche von Loctudy

Ausflug

Nur 5 km südöstlich von Pont-l'Abbé lohnt der kleine Bade- und Fischerort **Loctudy** seiner romanischen Kirche wegen einen Besuch. Die **Église St-Tudy** aus dem 12. Jh. gehört zu den besterhaltenen romanischen Kirchen der Bretagne. Fassade und Glockenturm sind zwar im 18. Jh. erneuert worden, das Innere aber besticht durch seine klaren einfachen Formen. Das vierjochige Hauptschiff wird von zwei schmalen Seitenschiffen flankiert. Blickfang ist der halbrunde Chor mit drei kleinen Kapellen. Seine vier mit Kapitellen geschmückten Säulen geben den Blick frei zum angrenzenden Chorumgang. Die Kapitelle und Basen der Säulen mit ihrer geometrischen und vegetativen Ornamentik sind die Schmuckstücke des Chors, während das granitene Hauptschiff mit seinem dunklen hölzernen Tonnengewölbe durch seine Schlichtheit beeindruckt.

Praktische Hinweise

Information: Office de Tourisme, 10, pl. de la République, Tel. 02 98 82 37 99, Fax 02 98 66 10 82, Internet: www.ot-pontlabbe29.fr

Hotels

**Hôtel de Bretagne, 24, pl. de la République, Tel. 02 98 87 17 22, Fax 02 98 82 39 31. Gut ausgestattetes, zentral gelegenes Mittelklassehotel mit Restaurant.

**La Tour d'Auvergne, 22, pl. Gambetta, Tel. 02 98 87 00 47. Schlichtes, aber komfortables Haus mit 21 Zimmern im Zentrum.

91

Südküste – geheimnisvolle Steinreihen und Gräber unserer Vorfahren

Der von der *Pointe de Penmarch* im äußersten Südwesten bis zur Vilainemündung reichende südliche Küstenabschnitt ist größtenteils dicht besiedelt und noch touristischer als der Westen und Norden der Bretagne. Die Einsamkeit der Côte des Abers etwa sucht man hier vergebens. Nur noch von geringen Gezeitenunterschieden geprägt, bietet die flache und klimatisch mildere Küstenregion eine Vielzahl historisch bedeutender Sehenswürdigkeiten. Am reichsten sind die Zeugnisse der *megalithischen Steinkultur*, die hier in einer für Europa einzigartigen Anzahl erhalten sind. Die Route führt vom Fischerhafen **Concarneau** in das Gauguinstädtchen **Pont-Aven** und weiter über **Carnac**, das Zentrum der Megalithkultur, nach **Vannes**, der Hauptstadt des Départements *Morbihan*.

49 Concarneau

Betriebsames Hafenstädtchen mit berühmter Ville close.

Concarneau ist vor Boulogne und Lorient der größte Fischereihafen Frankreichs. Die Flotte Concarneaus besteht heute aus über 200 Fischerbooten, die innerhalb eines Jahres etwa 30 000 t Frischfisch und 15 000 t gefrorenen Thunfisch einbringen.

 Die touristische Hauptattraktion der Stadt ist die berühmte **Ville close**, eine befestigte, auf engem Raum zusammengedrängte selbstständige kleine Stadt auf einer Insel innerhalb des Hafenbeckens. Bereits zu prähistorischen Zeiten gab es in der Gegend Siedlungen. Bis zum 10. Jh. bestand deren Schutz aus Sümpfen, bevor im 14. Jh. auf dem Felsen in der Bucht die heutige befestigte Altstadt angelegt wurde. Ihre endgültige Gestalt erhielt sie allerdings erst im 17. Jh. unter dem königlichen Baumeister *Vauban*, der die Befestigungsanlagen ausbaute und die Dächer der Türme entfernte, um auf diesen Plattformen Artille-

Das Leben versüßen mit Köstlichkeiten wie dem bretonischen Butterkuchen

Concarneau

In der Ruhe des frühen Morgens: Hafen und die schöne Ville close von Concarneau

rie installieren zu lassen. Die Ville close, dieses mittelalterliche Häuserensemble en miniature, macht heute allerdings nur einen kleinen Teil der Stadt Concarneau aus. Mit einer Länge von 350 m und 100 m Breite ist sie nicht mit der ungleich größeren Altstadt von St-Malo [Nr. 7] zu vergleichen. Da sie dennoch Ziel für Scharen von Touristen ist, empfiehlt sich ein Besuch möglichst außerhalb der Saison oder am frühen Vormittag.

Eine schmale Brücke verbindet das Festland mit der Insel; an einem imposanten Festungsturm und dem Uhrturm vorbei betritt man die enge **Rue Vauban**. Die hübschen Fassaden der kleinen Steinbauten werden von den Cafés und Souvenirläden beherrscht. Das **Musée de la Pêche** (Mitte Juni–Mitte Sept. tgl. 9.30–20 Uhr, Mitte Sept.–Dez. und Febr.–Mitte Juni 10–12, 14–18 Uhr) in der Rue Vauban erzählt die Geschichte der Stadt und illustriert alles Wissenswerte über den Fischfang und den Schiffbau. Von den Festungswällen bietet sich ein wunderbarer Blick über die Altstadt, den Fischerei- und den Jachthafen.

Direkt gegenüber der Altstadt an der **Place J. Jaurès** (Montag vormittags Markt) und entlang der belebten Uferpromenade reihen sich Cafés, Restaurants und Hotels aneinander, während östlich und nördlich die Hafenanlagen für die Fischkutter, Lagerhallen und Container, mithin ein industrielles Ambiente, das Bild bestimmen. Die Viertel westlich der Altstadt, entlang der Strände **Plage du Mine** und **Plage de Cornouaille** haben hingegen Villencharakter; hier präsentiert sich Concarneau als gepflegter Badeort.

Gut beschirmte Angebote: Was das Meer hergibt, wird auf den Märkten verkauft

Südküste – Concarneau/Pont-Aven

Praktische Hinweise

Information: Office de Tourisme, quai d'Aiguillon, Tel. 02 98 97 01 44, Fax 02 98 50 88 81

Hotel
***Hôtel de l'Océan**, plage des Sables Blancs, Tel. 02 98 50 53 50, Fax 02 98 50 84 16, Internet: www.hotel-ocean.com. Direkt am Strand gelegenes modernes Hotel mit Restaurant und Schwimmbad.

Restaurant
Restaurant-Crêperie Le Penfret, 40, rue Vauban, Tel. 02 98 50 70 55. Crêpes, Fisch und Meeresfrüchte in der Ville close.

50 Pont-Aven

Pittoreskes Städtchen, das heute noch von den Erinnerungen an die Künstlerkolonie des ausgehenden 19. Jh. lebt.

Das malerisch gelegene Städtchen, das sich in einem engen bewaldeten Tal beiderseits des Aven erstreckt, ist durch die Malergruppe um **Paul Gauguin** (1848– 1903) bekannt geworden. Gauguin hatte zwischen 1886 und 1889 immer wieder Wochen und Monate in dem bäuerlichen, lebenslustigen Marktflecken verbracht. Er hat hier und in der Umgebung zusammen mit seinen Malerkollegen den ex-

Malerische Anregungen – im schönen Pont-Aven fanden im 19. Jh. zahlreiche Künstler Muße für ihr großes Schaffen

*Der Geist der Großen ist noch spürbar: In Pont-Aven arbeiten bis heute viele Künstler (**rechts oben**), das Kruzifix in der Chapelle de Trémalo (**unten**) inspirierte Paul Gauguin 1889 in seinem ›Selbstbildnis mit gelbem Christus‹ (**rechts unten**)*

Pont-Aven

pressionistisch-symbolistischen Stil der ›Schule von Pont-Aven‹ entwickelt.

Mittelpunkt des Ortes ist die alte Granitbrücke über den Aven, an der Stelle, an der schon die Römer eine Furt errichtet hatten. Ab der Mitte des 19. Jh., als man von Paris aus die beeindruckende Natur und den urwüchsigen Charakter der Bretagne – paradoxerweise durch den Bau der Eisenbahn ermöglicht – zu entdecken begann, trafen auch Maler aus Paris, aus Irland, Polen und den USA in Pont-Aven ein, der bald darauf als Künstlerkolonie Bekanntheit erlangte.

Heute ist der im Wesentlichen aus zwei Straßen bestehende, gepflegte Ort ein beliebtes Touristenziel. Zahlreiche Galerien versuchen, das einstige künstlerische Ambiente und die entsprechende Atmosphäre wieder zu beleben. Ein Spaziergang durch den **Bois d'Amour** (Liebeswald) oberhalb des Flusstals führt an den Schauplätzen vorbei, die Gauguin und seine Kollegen für ihre Landschaftsmalerei erwählten. Direkt am Aven entlang, der sich allmählich vom engen Bach zu einem ansehnlichen Mündungstrichter wandelt, führt ein ebenfalls reizvoller Weg bis ans Meer.

Am **Quai** liegen malerisch die Jachten. Alte *Mühlen* – früher waren es 14 Stück, die am Ufer des Aven dessen Wasserkraft nutzten – sind noch an einigen Häusern zu sehen und zahlreiche Crêpe-

rien bzw. Biscuiterien offerieren eine weitere Attraktion des Ortes: Pont-Aven ist die Hauptstadt der berühmten bretonischen Butterkekse, der *Galettes Bretonnes*. Der untere Teil der Straße entlang des Aven ist nach *Théodore Botrel* benannt, der 1905 das erste Folklorefest der Bretagne organisierte. Eine Statue zu Ehren des volkstümlichen Dichters und Sängers am Square Botrel zeigt ihn als schnurrbärtigen älteren Herrn mit einem großen bretonischen Hut in der Hand.

Das moderne, 1985 fertig gestellte **Musée de Pont-Aven** (Juli/Aug. tgl.

Südküste – Pont-Aven, Quimperlé / Carnac

10–19 Uhr, sonst 10–12.30, 14–18.30 Uhr) oberhalb der Place de l'Hôtel de Ville macht auf zwei Etagen mit der ›Schule von Pont-Aven‹ durch Gemälde und alte Fotografien, Zeitungsausschnitte und historische Dokumente bekannt. Zu sehen sind in regelmäßigen Wechselausstellungen Werke von Paul Gauguin, seinen bekannten Weggenossen Emile Bernard, Paul Sérusier, Maurice Denis und anderen. Das Ziel der Maler war die Rückkehr zu einer einfachen und ausdrucksstarken Malerei, deshalb propagierten sie die Abkehr vom Pointilismus und Impressionismus und Hinwendung zur Abstraktion.

Eine prächtige Allee oberhalb von Pont-Aven führt zu der interessanten **Chapelle de Trémalo**. Romantisch auf einem bewaldeten Hügel neben einem Gehöft gelegen, birgt der flache gotische Bau aus dem 16. Jh. ein hölzernes *Kruzifix* (17. Jh.), das Gauguin u. a. zu dem berühmten Gemälde ›Der Gelbe Christus‹ animierte.

Ausflug

Der Ort **Quimperlé** am Zusammenfluss von Isole und Ellé östlich von Pont-Aven lohnt einen Abstecher wegen der romanischen Kirche **Ste-Croix**. Der monumentale, bereits 1083 errichtete Bau besitzt einen seltenen kreisförmigen Grundriss mit einer mächtigen Rotunde und drei Apsiden. Der Zentralbau ist der Grabeskirche in Jerusalem nachempfunden. Nach dem Einsturz des Glockenturms 1862 wurde Ste-Croix stark renoviert, wodurch das Innere seine ursprüngliche Atmosphäre teils eingebüßt hat. Die östliche Apsis mit sehenswerten Säulen, Kapitellen und Fenstern ist jedoch erhalten. Höhepunkt ist die dreischiffige *Krypta* mit dekorierten Säulenkapitellen und Säulenbasen.

Praktische Hinweise

Information: Office de Tourisme, pl. de l'Hôtel de Ville, Tel. 02 98 06 04 70, Fax 02 98 06 17 25, Internet: www.pontaven.com

Hotel

***Roz Aven**, 11, quai Théodore Botrel, Tel. 02 98 06 13 16, Fax 02 98 06 03 89, E-Mail: rozaven@wanadoo.fr. Traditionshotel mit Restaurant am Ufer des Aven mit Blick auf den Hafen.

Restaurant

La Taupinière, route de Concarneau, Tel. 02 98 06 03 12. Der Landgasthof gehört zu den besten der Region.

51 Carnac

Eines der meistbesuchten Seebäder der Bretagne, mit den weltberühmten Menhiren der Steinreihen.

Der alte Ortsteil **Carnac** liegt etwa 1,5 km vom Strand entfernt. Den Marktplatz in der Dorfmitte beherrscht die Kirche **St-Cornely** aus dem 17. Jh. An ihrer Nordseite wurde nachträglich ein zierlicher Portalvorbau errichtet, dessen dorische Säulen einen Granitbaldachin in Gestalt einer Krone tragen. Am Haupteingang thront der Schutzpatron des Hornviehs, der hl. Cornely, neben Ochsen, Dolmen und Menhiren.

TOP TIPP Gegenüber der Kirche befindet sich das **Musée de Préhistoire** (Juni–Sept. Mo–Fr 12–18, Sa, So 10–12.30, 14–18 Uhr, Okt.–Mai Mi–So 10–12, 14–17 Uhr) dessen Besuch nicht nur für Archäologen lohnend ist. Nach modernen Gesichtspunkten werden Funde vor allem aus der Region präsentiert. Das modern gestaltete Museum gibt einen detaillierten Überblick über die verschiedenen vor- und frühgeschichtlichen Epochen vom Paläolithikum (450 000 Jahre v. Chr.) über die Megalithkultur (4500–2000 v. Chr.), die Bronze- und Eisenzeit bis zur römischen Antike. Im Mittelpunkt der Ausstellung stehen jedoch Funde aus Gräbern und Siedlungen der Megalithkultur.

TOP TIPP Nordöstlich von Carnac erstrecken sich die berühmten **Alignements** (Steinalleen) mehrere Kilometer quer durch die flache, ginsterbedeckte Landschaft. Während der Saison befindet sich meist ein Strom von Besuchern auf dem Weg zu den drei Steinfeldern, die in west-östlicher Richtung aufeinander folgen: **Kermario**, **Kerlescan** und, das größte mit 1099 Steinen, **Le Ménec**. Die Alignements von Carnac sind die umfangreichsten ihrer Art. Ihre Errichtung wird in der ausgehenden Jungsteinzeit vor 2000 v. Chr. vermutet. Seit 1991 sind sie eingezäunt, zum Schutz vor etwa 1 Mio. Besuchern im Jahr. Durch sie schritten Bodenerosion und Vegetationszerstörung stetig fort, viele Menhire waren umsturzgefährdet. Den geheimnisvollen Charakter der unförmigen, verwitt

Carnac

Über 4000 Jahre alt und voller Geheimnisse – die Menhire in Carnac sind faszinierende Zeugnisse einer vergangenen Kultur, deren Bedeutung bis heute Rätsel aufgibt

terten und von Flechten überwachsenen Steingebilde in ihrer merkwürdigen Anordnung kann man daher nur noch durch Gitterstäbe wahrnehmen.

Dahinter sieht man lang gestreckte Felder, die von mehreren parallel verlaufenden Reihen von Menhiren zunehmender Größe gebildet werden. Die jeweils am Westende der Felder aufgerichteten größten Menhire erreichen eine Höhe von über 6 m. Bei den noch weitgehend erhaltenen Feldern wie dem von Le Ménec laufen in diesem Fall die elf Reihen senkrecht auf einen Halbkreis dicht stehender Blöcke zu, den so genannten *Cromlech*. Bis hier erstrecken sich die Reihen über 1167 m in einem Band von etwa 100 m Breite. In Kermario sind es 1029 Menhire in zehn Reihen, in Kerlescan sind 594 Menhire, davon 39 im Halbrund eines Cromlech erhalten geblieben. Viele der Menhire sind erst in jüngerer Zeit nach ihrer wissenschaftlichen Erforschung dem ursprünglichen Zustand entsprechend wieder aufgerichtet worden. Im mittleren Feld von Kermario befindet sich neben dem großen Parkplatz ein Dokumentationspavillon mit Aussichtsterrasse und damit einem guten Überblick über die faszinierende Anordnung der Steine.

Außer den Alignements sind in der Region noch etliche megalithische Großsteingräber erhalten, so z. B. das Langgrab von **Manio-Kermario II**, das von den Steinreihen überzogen wird, ein Beleg für das ältere Entstehungsdatum dieses etwa 50 m langen und 35 m breiten Grabes. Es ist heute innerhalb der Umzäunung gelegen und daher nicht mehr zugänglich. Der **Tumulus St-Michel** am Ortsende von Carnac (D 781 in Richtung La Trinité) ist bald stolze 6000 Jahre alt. Der 125 m lange und 10 m hohe Hügel ist der größte Grabhügel in Europa. Seit der Mitte des 17. Jh. wird er von einer Michaelskapelle bekrönt. Durch einen engen Zugang betritt man mehrere Grabkammern, in denen bei Ausgrabungen im 19. Jh. in zwei zentralen Kammern mit umgebenden Steinkisten verbrannte Knochenreste von Tieren und Menschen gefunden wurden. Wissenschaftler nehmen an, dass der Tumulus St-Michel ein Fürstengrab war, in dem ein Feudalherr mit Tieren als Opfergabe bestattet wurde. Zutage kamen auch polierte Steinbeile und Ketten aus Callaisperlen samt Anhänger. Über den zentralen Grabräumen wurden Erde und Steinschichten aufgeschüttet, die die eigentliche Grabstätte hermetisch abschotten sollten, um die ungestörte Ruhe des oder der Beigesetzten zu garantieren.

Südküste – Carnac / Presqu'île de Quiberon

Geheimnis in Stein: Menhire in Carnac

Astronomie, Totenkult oder versteinerte Soldaten?

Die Bedeutung der Alignements ist ungeklärt. Die Annahme, die Steinreihen seien angelegt, um **astronomische** *Berechnungen der Sonnen- und Mondfinsternisse oder der Sonnenwende zu ermöglichen, ist problematisch, da die Ausrichtung der Reihen doch nicht durchgängig den unterstellten Absichten entspricht. Wahrscheinlicher ist eine* **kultische Bedeutung***. So nimmt man u. a. an, die Reihen seien als heilige Straßen oder Prozessionswege gedacht gewesen. Auch als Fruchtbarkeitssymbole hat man die Menhire schon interpretiert. Eine andere Auslegung nimmt die auf einigen Steinen eingravierten Zeichen als Ausgangspunkt und versteht die dargestellten Äxte, Pflugformen, Joche, Weizenähren und Krummstäbe als Hinweise auf die in der Region betriebene* **Landwirtschaft** *und sinnbildlich als Symbole der Macht über den Boden und die Tiere. Hingegen behauptet die Legende, bei den Steinen handele es sich um versteinerte heidnische* **Soldaten***, die vom hl. Cornelius bei dessen Verfolgung in diesen Zustand verwandelt worden seien.*

Die unmittelbare Nachbarschaft zu einigen Gräbern deutet auch auf einen Zusammenhang zum **Totenkult** *hin. Die Gravuren in vielen Gräbern sowie die Grabbeigaben lassen die Verehrung einer Mutter- und Totengöttin erkennen, aus deren Schoß die Verstorbenen wiedergeboren werden sollten. Womöglich fanden solche Toten- und Auferstehungsfeiern im Bereich der Alignements statt.*

Carnac Plage ist mit seinen ausgedehnten Stränden und seinem milden Klima zu einem der beliebtesten Ferienorte in der Bretagne geworden. Dieser dem Meer zugewandte Teil von Carnac ist erst um die Jahrhundertwende entstanden und erstreckt sich heute entlang breiter flacher Sandstrände über mehrere Kilometer. Zahlreiche Villen liegen hinter hohen Pinien verborgen; in den Apartments und Ferienhäusern mieten sich zumeist französische Urlauber den Sommer über ein. Eine Segelschule und ein Institut für Meeresheilkunde, zahlreiche Geschäfte, Restaurants und Cafés vermitteln die sympathische Urlaubsatmosphäre eines noch nicht zu mondän geratenen Badeortes, der im Ferienmonat August allerdings überlaufen ist.

Praktische Hinweise

Information: Office de Tourisme, 74, av. des Druides, Tel. 02 97 52 13 52, Fax 02 97 52 86 10, Internet: www.ot-carnac.fr

Hotels

*** **L'Armorique**, 53, av. de la Poste, Carnac-Plage, Tel. 02 97 52 13 47, Fax 02 97 52 98 66. Hotel mit Restaurant, gleich hinter dem Strand.

** **Hostellerie les Ajoncs d'Or**, Route de Plouharnel, Kerbachique, Tel. 02 97 52 32 02, Fax 02 97 52 40 36. Idyllisches Landgasthaus mit Restaurant, preiswerte und gute Küche.

Restaurant

TOP TIPP **La Fregate**, 14, allée des Alignements, Carnac-Plage, Tel. 02 97 52 97 90. Restaurant mit außergewöhnlich feiner Küche zu erschwinglichen Preisen; gegenüber den Grünanlagen beim Tourismusbüro.

52 Presqu'île de Quiberon und Belle-Île

Badespaß und Landschaftserlebnis.

Kurz vor Carnac führt die D 769 südlich auf die schmale lang gezogene **TOP TIPP** **Presqu'île de Quiberon**, heute mit ihren unzähligen Ferienhäusern

Variationen natürlicher Schönheit: ▷
*die Felsnadeln von Port Coton (***oben***),*
Sandstrand an der Côte Sauvage der
*Halbinsel Quiberon (***Mitte***), ginstergelbes*
*Vergnügen auf der Belle-Ile (***unten***)*

98

Südküste – Belle-Île / Locmariaquer

und Campingplätzen eine Hochburg des Tourismus. Während die Westseite mit ihren wilden Klippen der *Côte sauvage* landschaftlich reizvoller ist, bietet sich die Ostseite mit ihren langen Sandstränden vor allem in der Nähe von Penthièvre für einen Badeurlaub an.

Vom Hafen *Port-Maria* am Südwestende der Halbinsel verkehren täglich die Autofähren auf die **Belle-Île**. Nach 45 Minuten Überfahrt erreicht man die mit 17 km Länge und 3–9 km Breite größte bretonische Insel, deren Oberfläche von karger Heide- und Wiesenlandschaft geprägt ist. Der nordöstliche Küstenabschnitt weist eine Reihe schöner Strände auf, während die landschaftlich eindrucksvollere Inselseite wiederum die steil abfallende Westküste ist. Hauptort der Belle-Île ist im Osten die von Stadtmauern umschlossene Hafenstadt **Le Palais**, die von der eindrucksvollen *Citadelle Vauban* (Juli/Aug. tgl. 9.30–19 Uhr, Sept./Okt. und April–Juni 9–18 Uhr, Nov.–März 9.30–12.30, 14–18 Uhr) überragt wird. Sie wurde im 16. Jh. im Auftrag Heinrichs II. errichtet und im 17. Jh. vom königlichen Baumeister Vauban zum Schutz der Insel weiter ausgebaut. Im Innern informiert ein *Museum* über die Geschichte der Insel und ihre illustren Besucher, u. a. Claude Monet und die Schauspielerin Sarah Bernhardt, die im Nordwesten der Belle-Île in der Nähe der Pointe des Poulains ein jetzt nur noch in Ruinen erhaltenes Schloss bewohnte. Die Insel lässt sich auf vielfältige Weise erkunden: Im Hafen von Le Palais kann man Fahrräder oder ein Auto mieten, oder sich einer organisierten Bustour anschließen. Besuchen sollte man unbedingt die Südseite der Belle-Île mit dem Leuchtturm **Grand Phare** und den **Aiguilles de Port-Coton**, bizarren Felsnadeln, die vor der Küste aus dem Wasser ragen.

Praktische Hinweise

Information: Office de Tourisme, 14, rue de Verdun, Quiberon, Tel. 02 97 50 07 84, Fax 02 97 30 58 22. – Office de Tourisme, quai Bonnelle, Le Palais, Belle Île, Tel. 02 97 31 81 93, Fax 02 97 31 56 17, Internet: www.belle-ile.com

Hotels

**** **Castel Clara**, Port Goulphar, Bangor, Tel. 02 97 31 84 21, Fax 02 97 31 51 69, E-Mail: castelclara@wanadoo.fr. Luxushotel mit Restaurant und Meeresblick.

** **De Bretagne**, Quai de l'Acadie, Le Palais, Tel. 02 97 31 80 14, Fax 02 97 31 33 03. Hotel mit Restaurant am Hafen.

** **Le Phare**, Sauzon am Hafen, Tel. 02 97 31 60 36, Fax 02 97 31 63 94. Hotel und Restaurant am Hafen.

 53 **Locmariaquer**

Die größten Zeugnisse der Megalithkultur: Grand Menhir und mehrere Dolmen, teilweise direkt am Meer.

Knapp 15 km östlich von Carnac bietet der kleine Badeort Locmariaquer an der Spitze einer Halbinsel den Höhepunkt der megalithischen Gräberkultur. Offenbar gefiel den Bewohnern jener Steinzeit der Platz, der einen schönen Ausblick nach Süden auf das offene Meer gewährt. Schon damals war das Klima hier besonders mild. Man erreicht den Ort über die D 781 und die Kérisperbrücke, von der man rechts den früheren Hafen von Carnac und heutigen Jachthafen des Badeortes La Trinité-sur-Mer sieht. Nach 2 km biegt man rechts ab und gelangt kurz darauf an das Ende der schmalen Halbinsel, die den Golf von Morbihan von Westen fast vollständig abschließt.

Die Grabanlagen von Locmariaquer befinden sich teils im, teils außerhalb des Ortes. Der Dolmen **Mané Lud** 1 km nördlich von Locmariaquer ist ein großer mit einer Erdschicht überzogener Steinhügel. Ein Gang führt zu der ovalen Grabkammer, in der man an den Tragsteinen Gravierungen entdecken kann.

Die markantesten steinernen Zeugen aus jener Epoche sind sicherlich der so genannte **Grand Menhir** und der Table des Marchands. Der mehr als 20 m lange und 350 t schwere Stein ist der größte bekannte Menhir des Neolithikums. Er liegt in vier Teile zerbrochen am Boden. Wann und wie er dieses Schicksal erfuhr, ist nicht bekannt. Die Ergebnisse der jüngsten Ausgrabungen Ende des 20. Jh. legen jedoch nahe, dass er Teil einer Reihe riesiger Menhiren war, die anlässlich einer Kultreform schon im 4. Jtd. v. Chr. zerstört wurde. Die Fundamente dieser Steine wurden neben dem großen Menhir gefunden. Überreste der Menhire selbst wurden später in den umliegenden Megalithgräbern als Trag- und Decksteine verbaut.

Locmariaquer / Vannes

Gewaltige Zeugnisse aus Stein – bei Locmariaquer befinden sich zahlreiche Dolmen sowie der Grand Menhir, der in vier Teile zerbrochen ist

Unmittelbar neben dem Grand Menhir steht der nicht weniger imposante **Table des Marchands**. Dabei handelt es sich um einen Cairn, einen Grabhügel aus Bruchsteinen (rekonstruiert), die über der eigentlichen Bestattungsanlage, einem Gang und einer Kammer aus großen Trag- und Decksteinen, aufgeschüttet wurden. Anders als beim Tumulus St-Michel von Carnac [s. S. 97] hat man bei diesem Typus der **Gangdolmen** den Zutritt zu den eigentlichen Grabkammern durch einen Gang ermöglicht. Der gewaltige dreieckige Tragstein am Ende der Kammer ist als einziger nicht aus Granit, sondern aus einem sehr harten Sandstein. Seine Gravuren, vier Reihen von sich nach links bzw. rechts neigenden Krummstäben, sind eindrucksvoll. Da auch die für den Besucher heute verdeckte Rückseite Gravuren aufweist, ist anzunehmen, dass er vor dem Bau des Grabes hier frei stand. Der Deckstein der zentralen Grabkammer ist eine gewaltige Platte von 6 m Länge, 4 m Breite und 50 t Gewicht. Die Gravuren, eine Pflugschar, ein Krummstab und ein Rinderkörper, sind gut zu erkennen. Die Archäologen haben entdeckt, dass er einer von drei Teilen eines gewaltigen 14 m hohen Menhirs war, der einst neben dem Grand Menhir stand. Die anderen beiden Teile bilden die Deckplatten des 4 km entfernten Grabes auf der Île Gavrinis [s. S. 105] und des **Cairn Er Vinglé** gleich nebenan. Dabei handelt es sich um eine riesige, 170 m lange Grabanlage, die mit Bruchsteinen bedeckt ist und mehrmals verlängert worden war.

Weitere Gräber der Gegend sind der Tumulus **Mané-er-Hroeck** sowie an der Südspitze der Halbinsel das 5000 Jahre alte Langgrab **Pierres-Plates**, das besonders eindrucksvolle schildförmige Gravierungen aufweist (abstrakte Darstellungen der Mutter- und Totengöttin).

Praktische Hinweise

Hotel
** **L'Escale**, am Hafen, Tel. 02 97 57 32 51, Fax 02 97 57 38 87. Hotel und Restaurant mit schönem Blick auf den Hafen.

54 Vannes   *Plan Seite 102*

Traditionsreiche Hauptstadt des Départements Morbihan mit hübscher Altstadt.

Vannes (50 000 Einwohner), am innersten Punkt des Golfe du Morbihan gelegen, ähnelt mit seinen vorkragenden Fachwerkbauten den Stadtbildern von Quimper [Nr. 42] und Dinan [Nr. 9]. Von besonderem Reiz ist der Hafen sowie die teils noch gut erhaltene Stadtbefestigung.

Geschichte Der Name der Stadt geht auf den Stamm der *Veneter* zurück, die an der Stelle des heutigen Vannes ihre Hauptstadt errichtet hatten. 56 v. Chr. wurden sie von Cäsar in einer Seeschlacht im

Südküste – Vannes

Golf von Morbihan besiegt und nahezu ausgerottet, ihre Stadt wurde zum römischen **Darioritum**. Das Bistum Vannes wurde im 5. Jh. gegründet. 826 machte Herzog *Nominoë* die Stadt zu seiner Hauptstadt, die im 10. Jh. von den Normannen zerstört und anschließend wieder aufgebaut wurde. 1532 war Vannes Schauplatz der Unterzeichnung des Vertrages, in dem die Angliederung des Herzogtums an Frankreich beschlossen wurde. In den folgenden Jahrhunderten, als in Vannes zeitweise das bretonische Parlament residierte, entwickelte sich die Stadt zu einem wichtigen **Handelszentrum**, das sie teilweise bis heute geblieben ist. Der Handelshafen hat sich zum *Sporthafen* gewandelt, die Altstadt wimmelt im Sommer von Touristen.

Besichtigung Die Altstadt wird im Westen von der Rue Thiers mit dem Rathaus, im Süden vom Hafen und im Osten von der alten Befestigungsmauer begrenzt. Drei alte Stadttore sind noch vorhanden. Die im 18. Jh. im klassizistischen Stil erneuerte **Porte St-Vincent** ❶ im Süden wird von den halbkreisförmigen Gebäuden an der *Place Gambetta* eingeschlossen. Von einem der Cafés hat man einen schönen Blick auf das Hafenbecken. In einer Nische des Turms steht die Figur des hl. Vincent Ferrier, des Schutzpatrons der Stadt. Die Rue St-Vincent mit Bürgerhäusern aus dem 17. und 18. Jh. führt zur *Place des Lices*, die ihren Namen den im Mittelalter ausgetragenen Turnieren verdankt. Mittwochs und samstags ist hier Wochenmarkt.

Links an der Rue Noé befindet sich das ehemalige Parlamentsgebäude **Château-Gaillard** aus dem 15. Jh., in dem heute das **Musée Archéologique** ❷ (April – Okt. Mo–Sa 9.30 – 12, 14 – 18 Uhr) untergebracht ist. Die prähistorischen Funde stammen aus dem Umkreis des Golfe du Morbihan.

An der Ecke zur Place Valencia steht das **Maison de Vannes** ❸ mit zwei skurrilen, polychromen Granitköpfen im Giebel, Vannes et sa femme.

Mittelalterliches Zentrum ist die kleine *Place Henri IV.*, die von Fachwerkhäusern des 15.–17. Jh. sehr malerisch ein-

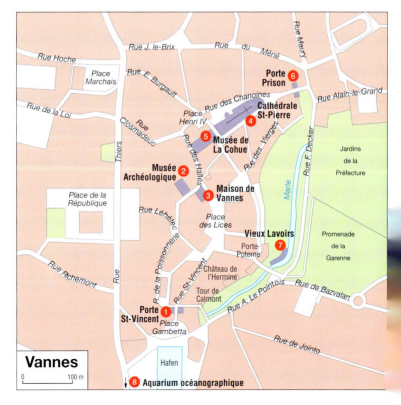

102

Hinter zierlichen Fachwerkhäusern erhebt sich die mächtige Cathédrale St-Pierre

Südküste – Vannes

Place de Lices – wo einst Ringkämpfe stattfanden, gibt es heute Getöpfertes

Mit dem Schiff in die Vergangenheit: das Großgrab auf der Île Gavrinis

gerahmt wird. Von hier sind es nur ein paar Schritte zur **Cathédrale St-Pierre** ❹, deren Monumentalität im Verhältnis zu den zierlichen Fachwerk- und Granithäusern in den angrenzenden Straßen überraschen. Aus dem 13. Jh., als mit der Errichtung der Kathedrale begonnen wurde, hat sich der untere Teil des nördlichen Eckturms erhalten. Der Bau zeigt ansonsten im Langhaus spätgotische Formensprache, Querschiff und Chor stammen aus dem 16. und 18. Jh., die Fassade wurde im neugotischen Stil überarbeitet. An der Nordseite schließt sich der Überrest eines kleinen *Kreuzgangs* aus dem 16. Jh. an. Durch den Eingang im nördlichen Querschiff gelangt man in das weiträumige **Innere** aus dem 15. Jh., das von Kapellen flankiert wird. Die *Rundkapelle* gleich rechts ist nach dem Vorbild der italienischen Renaissance gestaltet. Sie enthält die *Reliquien des hl. Vincent Ferrier*. Dieser spanische Dominikanermönch, vormals Privatgeistlicher des Königs von Aragon und Wunderheiler, durchreiste als Bußprediger die Bretagne und starb 1419 in Vannes. Der *Kapitelsaal* am Chorumgang enthält den *Kirchenschatz*, der aus wertvollen Gold- und Silberkreuzen, Kelchen und Hostiengefäßen besteht.

Gegenüber dem westlichen Portal befindet sich die ehemalige Markthalle *La Cohue*, ein Bau aus dem 13. Jh., der im 14.–16. Jh. erneuert wurde und einst im ersten Stock das Gericht der Stadt beherbergte. Heute ist hier das kleine **Musée de La Cohue** ❺ (Mo, Mi–Sa 10–12, 14–18, So 14–18 Uhr) eingerichtet. Im Erdgeschoss sind die Geschichte und das Leben am und im Golfe du Morbihan präsentiert, im Obergeschoss erwarten den Besucher Gemälde, u. a. regionaler Maler des 19. und 20. Jh. mit bretonischen Motiven.

Die pittoreske Rue St-Guenhaël südlich der Kathedrale führt zur **Porte Prison** ❻, in der 1795 Royalisten vor ihrer Hinrichtung eingekerkert waren. Der von hier in südlicher Richtung verlaufende alte Stadtwall wird außerhalb von Grünanlagen und dem Flüsschen Marle begrenzt. Neben der *Porte-Poterne* liegt am Wasser ein altes Waschhaus, **Vieux Lavoirs** ❼, das abends angestrahlt ist und dessen pittoreskes Erscheinungsbild über die Mühen der Wäscherinnen von einst hinwegtäuscht. Neben der Bootsanlegestelle am Schiffshafen *Parc du Golfe*

Vannes, Golfe du Morbihan, Île Gavrinis

Reizvolles Binnenmeer – der Golfe du Morbihan

Der Golf, dem das Département seinen Namen verdankt, heißt übersetzt aus dem Bretonischen ›Kleines Meer‹. Früher, noch zur Blütezeit der Megalithkultur, befand sich hier eine hügelige Landschaft, die von mehreren Flussläufen durchzogen war. Der Anstieg des Meeresspiegels und kontinuierliche Landabsenkung ließen mit der Zeit Teile dieser Landschaft im Meer versinken. Übrig blieb eine Vielzahl von Inseln, Halbinseln und Buchten, deren Erscheinungsbild sich durch den starken Wechsel der Gezeiten stündlich verändert.

*Die **Megalithdenkmäler** der Inseln wie Gavrinis, Er Lannic oder Île aux Moines standen zur Zeit ihrer Erbauung also noch auf dem Festland. Schon damals herrschte hier ein ganz besonders mildes Klima, vielleicht auch der Grund für die große Konzentration von megalithischen Bauten im und um den Golfe du Morbihan. Heute findet man auf den Inseln eine **Vegetation**, die eigentlich typisch ist für mediterrane Regionen, z. B. Erdbeerbäume, Mimosen, immergrüne Eichen, Palmen und Feigenbäume.*

*Zur **Römerzeit** sah der Golfe du Morbihan bereits aus wie heute, 56 v. Chr. soll sich hier die entscheidende Schlacht zwischen den Truppen **Julius Cäsars** und den **Venetern** abgespielt haben (De bello Gallico, 3. Buch, Kap. 8–16). Die Veneter, die dank ihrer flachkieligen Schiffe mit den festen Ledersegeln für die regionalen Verhältnisse eigentlich im Vorteil waren, wurden während einer Flaute von den römischen Rudergaleeren vernichtend geschlagen. Der letzte keltische Stamm, der sich vergleichbar dem letzten keltischen Dorf aus der Asterix-Geschichte noch unabhängig hatte halten können, wurde nun von der römischen Besatzungsmacht unterworfen und weitgehend vernichtet.*

erhebt sich das moderne **Aquarium ocèanographique** ❽ (Juli/Aug. tgl. 9–19.30 Uhr, sonst 10–12 und 14–18 Uhr) von Vannes. Zu sehen sind Fische aus bretonischen und tropischen Gewässern. Nebenan starten Boote zu Rundfahrten im *Golfe du Morbihan*, dem von der Halbinsel Rhuys fast vollständig eingeschlossenen Binnenmeer.

Ausflug
Von den zahllosen Inseln und Inselchen im Golfe du Morbihan ragt die **Île Gavrinis** im Westen heraus, zu deren Besuch man sich in Larmor-Baden einschiffen muss. Auf Gavrinis ist eines der interessantesten *Großgräber* der Megalithkultur zu sehen. Der 6000 Jahre alte, gestufte Steinhügel enthält in seinem

Südküste – Vannes, Île Gavrinis / Château de Suscinio

Sommerfrische und Schlosskultur – an der Südküste der Halbinsel Rhuys thront die Ruine des Château de Suscinio

Innern einen 14 m langen Gang und eine zentrale Grabkammer. Die darüber liegenden Tragsteine sind mit interessanten Spiral- und Kreis-Gravuren versehen, die großen Fingerabdrücken ähneln und die weibliche Gottheit symbolisieren sollen. Die Deckplatte in der engen Grabkammer selbst ist über 4 m lang. Sie hing, wie man erst vor einigen Jahren aufgrund der übereinstimmenden Gravuren herausfand, mit dem Deckstein des 4 km entfernten Table des Marchands in Locmariaquer [Nr. 53] zusammen und bildete mit diesem und der Platte des nahe gelegenen Grabes von Er-Vinglé einen einzigen riesigen Menhir. Womöglich war das fast 50 m lange Grab die letzte Ruhestätte eines Fürsten.

Praktische Hinweise

Information: Office de Tourisme, 1, rue Thiers, Tel. 02 97 47 24 34, Fax 02 97 47 29 49, Internet: www.pays-de-vannes.com/tourisme

Hotels

*****Mercure Hotel**, Le Parc du Golfe, Tel. 02 97 40 44 52, Fax 02 97 63 03 20, E-Mail: mercurevannes@easynet.fr. Modernes Hotel mit Seeblick und gutem Restaurant, 2 km südlich vom Zentrum.

****Kyriad**, 8, pl. de la Libération, Tel. 02 97 63 27 36, Fax 02 97 40 97 02, E-Mail: kyriadvannes@wanadoo.fr. Mittelklassehotel mit Restaurant am Rand der Altstadt.

****Relais du Golfe**, 10, pl. du Général de Gaulle, Tel. 02 97 47 14 74, Fax 02 97 42 52 28. Am Fuß der Stadtmauer gelegenes preiswertes Hotel garni.

55 Château de Suscinio

Imposantes mittelalterliches Schloss der bretonischen Herzöge.

Nahe der Südküste der Halbinsel Rhuys thront eindrucksvoll die stolze Schlossruine Suscinio (April–Sept. Mi–Mo 10–19 Uhr, sonst Do, Sa, So 10–12, 14–17 Uhr). Früher lag sie direkt am Meer, doch hat sich durch Anschwemmungen das Land erweitert, sodass nun flaches Sumpfland das Château vom Wasser trennt. Suscinio war Dauer- oder Sommerresidenz der bretonischen Herzöge und wurde vor allem zur Jagd genutzt. Als François II. um 1466 jedoch Nantes als Residenz wählte, verlor Suscinio an Bedeutung. Während der Französischen Revolution diente der Bau als Steinbruch. 1965 begann man mit der Restaurierung der Ruine.

Die mächtige quadratische Anlage aus dem 13. Jh., die von sechs Türmen überragt wird, war Vorbild für das Schloss von Nantes [Nr. 65]. Sie besteht aus zwei gegenüberliegenden Flügeln, die zusammen mit den verbindenden Wehrmauern einen *Ehrenhof* einfassen. Im restaurierten Eingangsgebäude, zu dem eine Zugbrücke über den Burggraben führt, ist heute ein **Museum** zur bretonischen Geschichte eingerichtet. Höhepunkt der Besichtigung sind die farbigen **Fußbodenpflasterungen** aus dem 13. und 14. Jh. Ein großer Zeremoniensaal, eine alte Kapelle, ebenfalls aus dem 13. Jh., und pechnasenbestückte Wehrgänge vermitteln die Atmosphäre einer mittelalterlichen Residenz.

Argoat – das Landesinnere:
auf den Spuren der Mythen und Legenden

Mit dem keltischen Namen **Argoat** (Land des Waldes) bezeichnet man noch heute das einstmals zu großen Teilen bewaldete bretonische **Binnenland**. Im Unterschied zu den belebten Küstenregionen ist es über weite Strecken dünn besiedelt, macht einen manchmal verlassenen Eindruck, bietet jedoch landschaftlich große Vielfalt. Kahle und herbe Höhenzüge wechseln mit lieblichen Flusstälern und sanft gewellten Feldern und Wiesen ab. Das Argoat bietet kein dramatisches Naturschauspiel wie an der Küste, stattdessen ein friedliches, bäuerliches, mit verschlafenen Dörfern und sehenswerten Landkapellen durchsetztes Land. Die früheren Waldgebiete haben sich reduziert auf den **Forêt de Paimpont** im Westen des Départements Ille-et-Vilaine und den Wald von **Huelgoat** südlich der **Monts d'Arrée**. Heute, da weite Strecken landwirtschaftlich genutzt werden, bestimmen durch Hecken und Steinmauern eingefasste Wiesen- und Felderquadrate das Bild.

56 Monts d'Arrée

Bizarrer Bergzug mit den höchsten Gipfeln der Bretagne.

Einst ein mächtiges Gebirge, erreichen die Schiefer- und Quarzgipfel der Monts d'Arrée heute noch nicht einmal mehr 400 m Höhe. Da sie aber teilweise jäh aus der flachen Ebene ansteigen, haben sie fast schon alpinen Charakter. Bestes Beispiel hierfür ist der 384 m hohe **Roc Trévezel**, höchster Gipfel der Bretagne, 20 km südwestlich von Morlaix gelegen und über die D 785 zu erreichen. Nach einem kurzen Spaziergang vom Parkplatz aus erreicht man den Gipfel und kann von dort aus ein atemberaubendes Panorama genießen. Im Norden ist bei klarer Sicht die Küste zu erahnen, im Osten und Westen ragen weitere Zacken der Monts d'Arrée empor. Im Süden liegt eine große Wasserfläche, das Réservoir St-Michel, ein künstlicher See, der ab 1966 das inzwischen still gelegte Atomkraftwerk von Brennilis mit Kühlwasser versorgte. Westlich des Sees erhebt sich der markante **Montagne St-Michel** (380 m) mit seiner Michaelskapelle.

Einen Besuch wert ist die restaurierte Kirche der ehemaligen Zisterzienserabtei von **Le Releg** (östlich von Plounéour-Ménez an der D 111 gelegen). Besonders malerisch und noch nicht so überlaufen wie viele andere bretonische Wallfahrten sind hier der *Pardon de Ste-Anne* am vorletzten Julisonntag und der farbenprächtige *Pardon* de *Notre-Dame-du-Releg* am 15. August. Nach der kirchlichen Prozession findet dabei immer noch ein Volksfest mit bretonischem Tanz und Gesang statt.

57 Huelgoat

Ort und Wald von bezaubernder und verzauberter Atmosphäre.

Der Überrest eines einst großen innerbretonischen Waldgebietes eignet sich bestens für Spaziergänge oder Wanderungen. Ausgangspunkt ist der kleine Sommerfrischenort Huelgoat, ursprünglich ein lebhaftes Bergwerksstädtchen, da bis ins 19. Jh. im nahen Wald silberhaltige Bleiminen ausgebeutet wurden. Wanderungen durch den **Forêt de Huelgoat** führen am *Rivière d'Argent* (Silber-

Argoat – Huelgoat, St-Herbot / Le Faouët

fluss) mit seinen Felsenmeeren aus Granit oder an den alten Kanälen der Bergarbeiter entlang; man kann die *Grotte du Diable* (Teufelsgrotte), den *Roche Tremblante* (Schwankender Fels) sowie den *Sentier des Amoureux* (Liebespfad) und andere fantastische Gesteinsformationen besuchen. Besonders sehenswert ist das *Camp Artus*, ein keltisches Oppidum, d. h. eine befestigte Zivil- und Militärsiedlung auf einer Anhöhe, deren Umfassungsmauer heute nicht gut zu erkennen ist. Da der Forêt de Huelgoat einst mit den anderen bretonischen Wäldern verbunden war, kursieren hier auch die gleichen Geschichten von König Artus, Feen und Zauberern wie im östlich gelegenen Forêt de Paimpont [Nr. 61].

Ausflug

7 km südwestlich von Huelgoat ist über die D 14 der Ort **St-Herbot** zu erreichen. Bei dem spätgotischen Bau der gleichnamigen Kirche dominiert schon aus der Ferne der mächtige Glockenturm. Auf dem Vorplatz erhebt sich ein eindrucksvolles Kreuz mit Granitfiguren. Das Kircheninnere ist bekannt für seine mit reicher Schnitzerei versehene Chorschranke aus Eichenholz. Daneben nehmen zwei Steintische die dargebrachten Schwanzhaare von Rindern auf, die die Bauern der Umgebung bei der jährlichen Wallfahrt zu Ehren des Schutzheiligen des Hornviehs, St-Herbot, hier ablegen.

Die Felsenmeere im Forêt de Huelgoat muten wie das Spielzeug von Riesen an

Praktische Hinweise

Information: Office de Tourisme, Moulin de Chaos, Tel. 02 98 99 72 32, Fax 02 98 99 75 72

Hotel
****Du Lac**, rue du Général de Gaulle, Tel. 02 98 99 71 14, Fax 02 98 99 70 91. Am See gelegenes Hotel und Restaurant mit bretonischen Spezialitäten.

58 Le Faouët

Kleine Kapellen mit ungewöhnlicher Innenausstattung.

Le Faouët, etwa 35 km nördlich von Vannes, war schon im 16. Jh. der zentrale Handelsort dieser Region. Den Mittelpunkt des ruhigen kleinen Ortes bildet ein weiter, quadratischer, von einstöckigen Renaissancehäusern eingerahmter Marktplatz. Seine Mitte nimmt eine rechteckige, mehr als 50 m lange und knapp 20 m breite **Markthalle** ein, die um die Wende vom 15. zum 16. Jh. errichtet wurde. Das tief heruntergezogene Schieferdach ruht entlang der beiden Längsseiten auf kleinen Granitsäulen. Das Dach wird von einem zierlichen Glockenturm bekrönt. Jeweils am 1. und 3. Mittwoch im Monat findet hier ein malerischer Markt statt.

Eine auffallend große Zahl sehenswerter Landkapellen in der unmittelbaren Umgebung von Le Faouët ist einen Besuch wert. Die Kapelle **Ste-Barbe** erreicht man, wenn man am nördlichen

Le Faouët

Die schöne alte Markthalle von Le Faouët wird heute noch an Markttagen genutzt

Stadtrand von Le Faouët rechts abbiegt (ausgeschildert) und nach kurzer Strecke auf einem Hochplateau ankommt, das einen schönen Blick über die Landschaft bietet. Die Kirche ist vor allem aufgrund ihrer ungewöhnlichen *Lage* bemerkenswert. Sie klebt an dem Felsvorsprung eines steilen bewaldeten Hangs oberhalb des Flusses Ellé. Ihre *Entstehung* verdankt sie – der Legende nach – der Errettung eines Edelmannes vor einem Unwetter, das diesen am Rand der Klippen überraschte. Sein Gebet an die hl. Barbara, von der man sagt, sie rette vor Blitzschlag, wurde prompt erhört. Aus Dank ließ der Gerettete an eben dieser Stelle die Kapelle errichten. Der spätgotische Bau (1489–1512) besteht lediglich aus einem Querhaus mit kurzem Chor. Wegen der Lage inmitten des schattigen Waldes ist das *Innere* nur schwach erleuchtet. Mehrere farbige Fenster aus dem 16. Jh. erzählen die Gründungslegende. Eine imposante, um das Jahr 1700 hinzugefügte *Treppenanlage*, die von dem Hochplateau zu der Kapelle hinabführt, sowie auf halber Höhe eine kleine *Gebetskapelle*, die über eine schmale steinerne Brücke erreichbar ist, fügen sich zu einem ungewöhnlichen architektonischen Ensemble. Am letzten Sonntag im Juni findet hier der Pardon de Ste-Barbe statt.

Ein kunstgeschichtliches Schmuckstück nicht nur dieser Region, sondern der Bretagne insgesamt birgt die spätgotische Kapelle **St-Fiacre**, 3 km südlich von Le Faouët. Sie liegt inmitten einer landwirtschaftlich geprägten Gegend in der Nähe einiger Gehöfte und frappiert zunächst durch die merkwürdige Asymmetrie ihrer Westfassade und

Idylle in Granit – die Kapelle von St-Fiacre liegt abseits des Touristenstroms

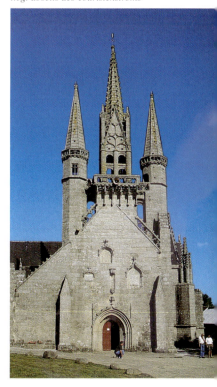

Argoat – Le Faouët / Kernascléden

Der böse Schächer am hölzernen Lettner von St-Fiacre büßt für seine Sünden

den markanten, von zwei runden Nebentürmchen flankierten spitzen Glockenturm. Diese Ungleichmäßigkeit setzt sich im *Innern* mit einem Haupt- und lediglich einem linken Seitenschiff fort. In der schwach erhellten und wiederum schlichten, kaum mit Mobiliar ausgestatteten Kapelle kommt der farbige *Holzlettner* von 1480 schön zur Geltung, der den Chor vom Hauptschiff vollständig abtrennt. Er ist eines der hervorragendsten Werke spätgotischer Schnitzkunst und ein feines Beispiel für die übersprühende Fantasie bretonischer Kunst, geschaffen von dem Bretonen Olivier de Loergan. Eine breite, durch feines Maßwerk gestaltete Empore erhebt sich über einem filigranen Holzgitter. Sie wird von der ausdrucksstarken Christusfigur am Kreuz überragt, während die beiden Schächer der Brüstung vorgelagert sind. Den unteren Abschluss der Empore bilden kleine Engelchen, die von Arkadenkapitellen herabzuschweben scheinen. Oberhalb der Eingangspforte treten die Schnitzfiguren von Maria und Johannes deutlich hervor, rechts davon ist der Sündenfall, links die Verkündigung dargestellt. Der verblasste bläulich-rötliche Farbauftrag verleiht dem Schnitzwerk einen schimmernden Glanz. Die Rückseite des Lettners ist mit symbolischen Szenen geschmückt, die in naiv-realistischer Manier verschiedene Laster vor Augen führen. Die Trunkenheit beispielsweise wird durch einen Mann symbolisiert, der einen Fuchs aus seinem Mund herauswürgt; eine Figur, die in einem Apfelbaum klettert, soll vor Diebstahl warnen und ein Liebespaar ist wohl als Hinweis auf die Unzucht zu verstehen. Aus dem Chor leuchtet ein Passionsfenster des 16. Jh.

Auch die Kapelle **St-Nicolas** besitzt einen sehenswerten, wenn auch um vieles einfacheren Holzlettner. Sie liegt verlassen abseits der Straße nach Priziac westlich von Le Faouët (D 132) inmitten von Wiesen; hohes Gras umsteht den im Innern vernachlässigten Bau aus dem 16. Jh. Dem *Renaissancelettner*, der auch hier den Chor vollständig vom Hauptschiff abschließt, fehlt die Golgathagruppe. Ein elegant wirkender Fries wird von einem dreitürigen, von reich geschmückten Säulen versehenen Gitterwerk getragen; rückwärts führt eine Treppe zu der Empore, die in neun Relieffeldern die Nikolauslegende erzählt.

Praktische Hinweise

Information: Office de Tourisme, 1, rue du Quimper, Tel. 02 97 23 23 23

Hotel
** **La Croix d'Or**, am Marktplatz, Tel. 02 97 23 07 33. Einfacher Gasthof.

59 Kernascléden

Gotische Kirche mit in der Bretagne einzigartigen Fresken.

Ein weiterer Höhepunkt der Kirchenkunst erwartet den Besucher 15 km südöstlich von Le Faouët an der D 782. Die stolze spätgotische Kirche **Notre-Dame**, die den kleinen Ort Kernascléden dominiert, wurde zwischen 1420 und 1464 von der Familie Rohan gestiftet. Schlicht zeigt sich die granitgraue *Westfassade*, die von einem Rosettenfenster durchbrochen und von einem hoch aufragenden spitzen Glockenturm überragt wird. Die *Südseite* mit ihren zwei Vorhallen bringt hingegen den filigranen Reichtum der Spätgotik eindrucksvoll zum Ausdruck. Die Kirche ist auf kreuzförmigem Grundriss errichtet, wobei der dreijochige, mit zwei Seitenschiffen versehene Chor der Länge des Hauptschiffes entspricht. An einer Säule im Chor steht eine sehr schöne und ausdrucksstarke polychrome Marienfigur.

Zweifellos die Hauptattraktion sind jedoch die **Fresken** vom Ende des 15. Jh., die das Chorgewölbe und die Querschiffe schmücken. Der *Chor* ist vollständig ausgemalt: In 24 Feldern zwischen den Spitzbogenrippen wird das Leben Mariens, an den beiden Seiten, oberhalb der Arkadenbögen, in acht Szenen das Leben Jesu erzählt. Komposition und Farbgebung sind ausgewogen und zeugen von Kunstfertigkeit. Der anmutige Ausdruck lässt eher auf einen nicht-bretonischen Künstler, vielleicht aus der Île de France, schließen. Erst im 19. Jh. hat man bei Restaurierungsarbeiten unter dem Putz des *südlichen Querschiffs* weitere Fresken entdeckt, die in einmaliger Ausdrucksstärke die Hölle schildern. Die Totentanzdarstellung übertrifft in ihrer realistischen Lebendigkeit noch die Fresken gleichen Themas von Kermaria-an-Iskuit [Nr. 15]. Die Bilder der Hölle mit einer Vielzahl schauriger gehörnter Teufel und grinsender Monster, die die in einem Kessel schmorenden Sünder martern und Trunkenbolde in einem Fass genüsslich drehen, sind an volkstümlicher Drastik wohl kaum zu überbieten. Sie erfüllen abschreckende Funktion und stehen daher auch im krassen Gegensatz zu den etwa gleichzeitig entstandenen Chorfresken mit ihrer Erlösungsbotschaft.

60 Josselin

Hübsche Altstadt und bedeutendes Rohanschloss.

Josselin, an der N 24, die Lorient mit Rennes verbindet, ist wegen seines **Château**, der Stammburg des bedeutenden altfranzösischen Geschlechts der *Rohan*, einer der meistbesuchten Orte im Landesinnern der Bretagne. Lohnend ist aber auch ein Bummel durch die von schönen *Fachwerkhäusern* und kleinen *Cafés* gesäumten Straßen von Josselin.

Geschichte Die Familie der **Rohans** war mit der Geschichte der Bretagne sehr eng verbunden, stiftete Kirchen und Ka-

Grausige Szenen – die Fresken von Kernascléden erzählen die Höllenqualen

pellen, erwarb und baute Schlösser und Burgen und bekleidete höchste Positionen, oft auch gegen die Interessen des bretonischen Herzogtums. Noch heute besitzt die 1120 von Alain I. aus dem Haus der Grafen von Porhoët begründete Familie mehrere Schlösser in der Bretagne. Die **Baugeschichte** des Château von Josselin spiegelt die wechselnden Geschicke der Rohans im Machtkampf zwischen Frankreich und dem bretonischen Herzogtum wider. Von einer allerersten, im 11. Jh. errichteten und 1168 von Heinrich II. von England zerstörten Feste, dem einstigen Stammsitz des Herrschers der Region Porhoët, sind nur mehr einige Grundmauern erhalten. Im 14. Jh. residierte in Josselin *Oliver de Clisson*, ein Waffengefährte des Bertrand du Guesclin und dessen Nachfolger als Konnetabel von Frankreich. Er hatte das Château gekauft, zu einer neuntürmigen Anlage ausgebaut und zu seinem Stammsitz gemacht, um mit dem französischen König gegen die bretonischen Herzöge

Argoat – Josselin

zu Felde zu ziehen. Von diesem älteren Teil des Schlosses stammen die Front, die den Oust überblickt, sowie die vier erhaltenen Rundtürme. Das Château des 14. Jh. wurde vom bretonischen Herzog François II. wegen der französenfreundlichen Haltung der Rohans zerstört. Die Flamboyantfassade stammt aus der Zeit zwischen 1490 und 1510, als Jean II. Rohan mit der finanziellen Unterstützung des französischen Königs Karl VIII. das Schloss wieder errichten ließ. Aber auch dieser Bau blieb nicht von der Zerstörung verschont. 1629 ließ Kardinal Richelieu einen großen Teil schleifen, da die Rohans inzwischen konvertiert waren. Sie kämpften sogar zwischen 1620 und 1630 in den Religionskriegen mit den Hugenotten gegen den Kardinal. Im weiteren Verlauf des 17. und 18. Jh. gaben die Rohans Josselin zunächst auf. Seit Mitte des 19. Jh. wird das Schloss jedoch wieder von der Familie bewohnt.

Besichtigung Vom gegenüberliegenden Ufer des Oust bietet das **Château de Rohan** (April/Mai/Okt. Mi, Sa, So, 14–18 Uhr, Juni/Sept. tgl. 14–18 Uhr, Juli/Aug. tgl. 10–18 Uhr) mit seiner hohen wehrhaften *Fassade*, die von drei Rundtürmen überragt wird, ein romanti-

*Wer das berühmte Château de Rohan (**rechts**) und die Stadt Josselin genügend bewundert hat, sollte in einem der gemütlichen Straßencafés (**unten**) das Flair des Ortes genießen*

112

Josselin

sches und imposantes Bild. Die schlichte Granitfront wird nur in der Dachpartie durch eine Reihe von Pechnasen und sechs kleinere Giebel unterbrochen. Im Kontrast hierzu steht die Rückseite des Baus, die eines der schönsten Beispiele für die raffinierte Fassadenkunst des Flamboyantstils bietet. Die 60 m lange, verhältnismäßig niedrige Fassade des *Innenhofs* wird optisch bestimmt von zehn zweistöckigen Dachfenstern (Lukarnen), die durch eine reich verzierte Galerie miteinander verbunden sind. Jede Lukarne endet in einem von Fialen flankierten Spitzgiebel, der im Giebelfeld, aber auch zwischen den Fenstern üppige Granitornamente aufweist. In der Galerie selbst sind die verschiedensten Muster eingearbeitet, u. a. das Motto des Hauses Rohan, ›A plus‹, was soviel wie ›darüber geht nichts mehr‹ bedeutet. Da das Schloss bewohnt ist, steht im *Innern* nur das Erdgeschoss zur Besichtigung frei. Salon, Speisesaal, Bibliothek und die weiteren Räume sind in der zweiten Hälfte des 19. Jh. in neugotischem Stil gestaltet worden und spiegeln die einstige Macht und das Ansehen der Familie wider. Über dem großen Salon-Kamin aus dem 15. Jh. ist wiederum das Motto des Hauses angebracht. Mehrere Porträts von Mitgliedern der Familie zieren die Wände. Die rückwärtige Seite des Speisesaals nimmt die fast lebensgroße Reiterstatue des Olivier de Clisson ein, darüber steht dessen Motto ›pour ce qui me plait‹.

Vom Château de Rohan aus kann man die kleine Stadt bequem zu Fuß durchwandern. Zahlreiche Fachwerkbauten säumen die Straßen. In der spätgotischen Kirche **Notre-Dame-du-Roncier** befindet sich in einer Seitenkapelle das mächtige Grabmal Olivier de Clissons und seiner Gattin Marguerite de Rohan.

113

Argoat – Forêt de Paimpont

Legendär – im Forêt de Paimpont sollen König Artus und seine Ritterschar getagt haben

König Artus und die Ritter der Tafelrunde

Die Gestalt des König Artus bewegt sich, ihrem sagenhaften Wesen entsprechend, im Grenzbereich von Historie und Fiktion. Zum ersten Mal tritt Artus in der ›Historia Brittonum‹ des Geschichtsschreibers Nennius (9. Jh.) auf. Als König keltischer Briten bekämpft er siegreich die in das Land eindringenden Sachsen. Im 12. Jh. beschreibt der Kleriker **Geoffrey von Monmouth** *in seiner Geschichte Britanniens, wie Artus große Teile des Kontinents erobert, bis nach Rom gelangt und dort mit Kaiser Lucius in Konflikt gerät. Bei Geoffrey taucht auch die Figur des* **Zauberers Merlin** *auf, unter dessen Obhut Artus erzogen wurde. Artus' Tod schließlich markiert den Übergang ins Poetisch-Legendäre. In einem Zweikampf mit dem verräterischen Neffen Modred schwer verwundet, wird er auf die* **Insel Avalon** *gebracht. Hier wird Artus von der Fee Morgane geheilt, um in der Zukunft zurückzukehren und sein Volk zu befreien.*

Spätere literarische Quellen verstärken diese sagenhaften Züge noch. In der französischen Übersetzung des Normannen Wace (1100–1174) wird der Sagenkreis erweitert und das Motiv der **Tafelrunde** *eingeführt. In den Abenteuern der Ritter von der Tafelrunde, einem Kreis, der seine Mitglieder aus mehreren Jahrhunderten rekrutiert, wird das Bild eines mittelalterlichen Idealstaats entworfen. Märchenmotive keltischen Ursprungs – wie die Rettung verzauberter Prinzessinnen – werden übernommen und in den Zauberschleier einer weit entrückten Wunder- und Abenteuerwelt eingehüllt.*

Auch später hat sich der Stoff literarisch als fruchtbar erwiesen und über Europa hinaus Verbreitung gefunden. **Mark Twain** *z. B. behandelt in seiner Satire ›A Connecticut Yankee in King Arthur's Court‹ (1889) das Thema ironisch.* **Jean Cocteaus** *Drama ›Les Chevaliers de la Table Ronde‹ wurde 1939 uraufgeführt. Die vorerst letzte Aufbereitung des Stoffes, der immer wieder romantische Gemüter in seinen Bann gezogen hat, ist das Drama ›Merlin oder das wüste Land‹ von* **Tankred Dorst**. *Bekannt ist auch der Roman ›Die Nebel von Avalon‹ von* **M. Z. Bradley**.

In der Rue des Trente Nr. 3 lohnt das **Musée de Poupées** (Öffnungszeiten wie das Château) in den alten Stallungen des Schlosses einen Besuch. Es besitzt eine 600 Exponate zählende Sammlung von Puppen aus dem 17. bis 20. Jh., die von der Urgroßmutter des jetzigen Eigentümers begründet wurde.

Praktische Hinweise

Information: Office de Tourisme, pl. de la Congrégation, Tel. 02 97 22 36 43, Fax 02 97 22 20 44

Hotels

** **De France**, pl. Notre-Dame, Tel. 02 97 22 23 06, Fax 02 97 22 35 78. Mitten in der Altstadt gelegenes idyllisches Hotel mit Restaurant und Café.

** **Du Château,** 1, rue du Général de Gaulle, Tel. 02 97 22 20 11, Fax 02 97 22 34 09. Hotel mit altem stilvollen Restaurant gegenüber dem Château mit Blick auf den Oust.

61 Forêt de Paimpont

Sagenhafter Wald des König Artus, der Feen und Zauberer.

Der Wald von Paimpont liegt knapp 40 km westlich von Rennes. Das mit etwa 7000 ha größte erhaltene Waldgebiet der Bretagne wird auch nach den Legenden Brocéliande genannt und war der legendäre Ort, an dem König Artus und seine illustre Tafelrunde getagt haben sollen. Dieser sagenhafte britische König soll im 5. Jh. aus England kommend auf der Feeninsel Avalon Zuflucht genommen haben. Auch das Grab Merlins, des Ratgebers, Propheten und Zauberers, soll sich hier inmitten der sumpfigen Waldlandschaft befinden.

Mit seinen Laub- und Mischwäldern, seinen Teichen und malerischen Schlössern besitzt der Forêt de Paimpont – verglichen mit dem waldarmen Felderland der sonstigen Bretagne – einen besonders reizvollen, romantischen Charme.

Von Westen kommend, biegt man bei Campénéac von der N 24, der Hauptstraße nach Rennes, erst auf die D 134, dann auf die D 312 nach Norden ab. Der Weg führt vorbei an dem märchenhaft gelegenen **Château de Trécesson** aus dem 15. Jh. (in Privatbesitz), dessen rötlicher Schieferstein sich im Wasser des Schlossgrabens spiegelt. Nach wenigen Kilometern erreicht man mit dem an einem See gelegenen **Paimpont** den Hauptort des Gebietes. Paimpont entwickelte sich um ein altes Kloster, das bereits im 7. Jh. gegründet worden war. Die heutige Anlage stammt aus dem 17. Jh. und grenzt unmittelbar an den See. Die ehemalige Abteikirche stammt noch aus dem 13. und 15. Jh. und wurde sorgfältig restauriert.

Nur 7 km weiter nördlich liegt die Ruine des **Château de Comper**, wo die Fee Viviane den Helden Lanzelot groß gezogen haben soll. Hier ist angeblich auch der Ort, an dem sie Merlin, nachdem er ihr das Geheimnis seiner Künste preisgegeben hat, in den geheimnisvollen Dauerschlaf bannte. Heute befindet sich hier das *Centre arthurien* (Artus-Zentrum, Juni–Aug. Mi–Mo 10–19 Uhr, April, Mai, Sept. Mi, Do, Sa–Mo 10–19 Uhr), das jedes Jahr neue Ausstellungen über die Welt der Kelten und die Artuslegenden präsentiert.

In das malerische **Val sans retour** (Tal ohne Wiederkehr) bei Tréhorenteuc verbannte Morgane, die Halbschwester des Tafelkönigs, ihren Freund Guyomart aus Wut über seine Treulosigkeit. Ihre Rache galt aber auch allen anderen untreuen Rittern, derer sie habhaft werden konnte. Sie wurden in dem von einem Riesen bewachten Tal gefangen gehalten, bis sie der treueste aller Ritter, Lanzelot, befreite. Das lauschige Tal mit einem plätschernden Bach (westlich von Paimpont, an der D 141), lädt zu Spaziergängen ein.

Kaum 2 km entfernt erinnern in der kleinen Kirche von **Tréhorenteuc** die (modernen) Fenster im Chor an König Artus und die Geschichte des Heiligen Gral. Sehr unwegsam, inmitten des Waldes, liegt schließlich die **Fontaine de Barenton**, jene verwunschene Quelle, an der Merlin der bezaubernden Viviane begegnet und ihr verfallen sein soll.

Praktische Hinweise

Information: Office de Tourisme, 1, rue de Korrigans, Plélan-le-Grand, Tel. 02 99 06 86 07

Hotel

* **Relais de Brocéliande**, Paimpont, Tel. 02 99 07 84 94. Gepflegtes Hotel und Restaurant in einem alten Steinhaus.

Département Loire-Atlantique – Sümpfe, Salz und Metropole

Der Südosten des Reisegebietes gehört zwar historisch und kulturell betrachtet noch zur Bretagne, administrativ zählt das Département Loire-Atlantique mit der Hauptstadt **Nantes** jedoch seit 1964 zur Region Pays de la Loire, deren Kapitale ebenfalls Nantes ist.

Stationen dieser bretonischen Route durch die Nachbarregion sind die malerische und stille Sumpflandschaft **Grande Brière**, das mittelalterliche Städtchen **Guérande** mit den jahrhundertealten Salzgärten seiner Umgebung, die beliebte Badeküste mit dem Hauptort **La Baule** und schließlich die Metropole Nantes, die mit einer bedeutenden Kathedrale, dem Château des Ducs de Bretagne und zahlreichen Museen aufwarten kann.

62 Grande Brière

Zweitgrößtes Sumpfgebiet Frankreichs.

Nördlich von La Baule und St-Nazaire liegt die Grande Brière, ein Teil des 40 000 ha umfassenden **Parc naturel régional de Brière**. Auf knapp 7000 ha findet man ein Torfmoor mit eingestreuten Dörfern, die einst im Winter nur über die sie verbindenden Kanäle erreichbar waren. Heute führen Straßen durch die Sümpfe. Das Moor entstand durch Meereseinbruch in ein großes Waldgebiet und nachfolgende Verlandung der Bucht durch Flussaufschwemmungen. Das alte Beförderungsmittel auf den Kanälen gibt es bis heute, jedoch werden die flachen *Chalands* mit der langen Stange zum Staken fast nur noch für touristische **Bootstouren** benutzt (Anlegestellen in Île de Fédrun westlich von St-Joachim, St-Lyphard, Breca und la Chaussée-Neuve). Viele Häuser der kleinen Dörfer sind schilfgedeckt, besonders malerisch ist das Museumsdorf **Kerhinet** südwestlich von St-Lyphard.

Praktische Hinweise

Information: Office de Tourisme, 38, rue de la Brière, La-Chapelle-des-Marais, Tel. 02 40 66 85 01, Fax 02 40 53 91 15, Internet: www.parc-naturel-briere.fr

Hotel

TOP TIPP ** **L'Auberge de Kerhinet**, Kerhinet, Tel. 02 40 61 91 46. Kleines strohgedecktes Haus im Museumsdorf mit nur sieben Zimmern; das Essen ist berühmt.

Restaurant

TOP TIPP **L'Auberge du Parc**, Île de Fédrun, Tel. 02 40 88 53 01. Der junge, in Paris ausgebildete Chef kocht exzellent. Geflügelgerichte sind seine Spezialität.

63 Guérande

Mittelalterliches Städtchen mit intakter Ummauerung am Rande der Salinen der Guérande-Halbinsel.

Das Städtchen Guérande wird von einer 1400 m langen, kreisförmigen Mauer umgeben, die noch aus dem 14. und 15. Jh. stammt. Vier Tore öffnen den Weg ins Innere, sechs Türme bezeugen die alte Wehrhaftigkeit. Betritt man Guérande durch das Haupttor, die **Porte St-Michel**, trifft man auf die sehr belebte Rue St-Michel, die zur Stiftskirche **St-Aubin** führt. Diese wurde vom 12. bis 16. Jh. erbaut, im Innern mit seinem modernen Gewölbe beeindrucken vor allem die romanischen Säulen mit ihren lebendig gestalteten Figurenkapitellen

Guérande, Saillé / La Baule

Fotogener Blickfang: die schmucken riedgedeckten Häuser der Grande Brière

Unterhalb der Stadt, nach Südwesten zum Meer hin, trifft man auf die alten Salzgärten, die **Marais Salants**, der Guérande-Halbinsel. Schon zur Römerzeit wurde in der Gegend Salz gewonnen, im Mittelalter entstanden die Salinen. Bis heute wird das Salz hier mühevoll in Handarbeit gewonnen. Dazu wird zweimal monatlich Flutwasser in ein kompliziertes System von unterschiedlich großen Becken eingeleitet. Das Wasser verdunstet und das Salz wird schließlich in den kleinsten Becken *(Œillets)* von den Salzbauern *(Paludiers)* zusammengerecht. Mit den großen Salinen am Mittelmeer kann man hier zwar nicht konkurrieren, der Staat unterstützt jedoch das jahrhundertealte Gewerbe, außerdem ist das Salz aus dem Atlantik mineralstoffreicher als das aus dem Mittelmeer. Im Sommer stehen am Straßenrand viele Salzbauern, die ihr Salz, das feine weiße und das grobe graue, an Touristen verkaufen.

Ausflug

Einen Besuch wert ist das *Maison des Paludiers* (Haus der Salzarbeiter, Mai–Aug. tgl. 10–12.30, 14–18 Uhr, April, Sept. Di–So 14–18 Uhr) in **Saillé**, dem Hauptort der Salzgewinnung inmitten der Marais Salants. Werkzeuge, Trachten, Möbel und Dokumente illustrieren die Geschichte der Salzgewinnung und den Alltag der Salzbauern.

Praktische Hinweise

Information: Office de Tourisme, 1, pl. du Marché au Bois, Tel. 02 40 24 96 71, Fax 02 40 62 04 24, Internet: www.ot-guerande.fr

Hotel
Les Remparts, 14–15, bd. du Nord, Tel. 02 40 24 90 69, Fax 02 40 62 17 99. Kleines Hotel mit Restaurant, direkt außerhalb der Ummauerung gelegen.

Restaurant
Crêperie La Saline, 15, rue St-Michel, Tel. 02 40 62 03 82. Einfaches Lokal im Herzen der Altstadt.

Gesalzen – auf der Halbinsel Guérande wird das lebenswichtige Mineral aus dem Meerwasser gewonnen

64 La Baule

Badeort an einem herrlichen Sandstrand.

Unmittelbar an die Salinen der Guérande-Halbinsel schließt sich mit dem

Département Loire-Atlantique – La Baule / Nantes

Badeort La Baule eine völlig andere Welt an: Große und mondäne Hotels, Kuranstalten für Thalassotherapie, ein Kasino, Apartmentblocks und Ferienvillen unter Pinien bestimmen das Bild. Erst Ende des 19. Jh. wurde der Ort gegründet, heute ist er einer der größten und bekanntesten an der französischen Atlantikküste. Am reizvollsten ist der kilometerlange Sandstrand, der sich auch vor den Nachbarorten Pornichet und Pouliguen erstreckt.

Praktische Hinweise

Information: Office de Tourisme, 8, pl. de la Victoire, La Baule, Tel. 02 40 24 34 44, Fax 02 40 11 08 10, Internet: www.labaule.tm.fr. – Office de Tourisme, 3, blvd. de la République, Pornichet, Tel. 02 40 61 33 33, Fax 02 40 11 60 88, Internet: www.pornichet.org.

Hotels

**** **Le Sud Bretagne**, 42, bd. de la République, Pornichet, Tel. 02 40 11 65 00, Fax 02 40 61 73 70, E-Mail: sudbretagne @wanadoo.fr. Privates und bestens geführtes Spitzenhaus.

** **Le Bois d'Amour**, 30, av. du Bois d'Amour, Tel. 02 40 60 00 96, Fax 02 40 24 06 48. Hotel mit gutem Restaurant, nahe dem Bahnhof gelegen.

65 Nantes *Plan Seite 120*

Ehemalige Hauptstadt der Bretagne mit bedeutender Kathedrale und Château.

Nantes, die siebtgrößte Stadt Frankreichs, Hauptstadt des Départements Loire-Atlantique und der Region Pays de la Loire, hat 250 000 Einwohner, mit den Vororten fast eine halbe Million. Der Hafen ist mit dem des 50 km Loire-abwärts gelegenen Küstenort St-Nazaire zum *Port Nantes-St-Nazaire* zusammengefasst und hat mittlerweile den dritten Platz unter den französischen Häfen erreicht.

Von der heutigen bretonischen Hauptstadt Rennes unterscheidet sich Nantes nicht nur durch seine Größe, sondern auch durch seinen hohen Industrialisierungsgrad. Zudem wirkt das pulsierende Nantes eher wie eine **Metropole**. Trotzdem findet sich im Kern der Stadt ein äußerst sehenswertes Zentrum mit der *Cathédrale St-Pierre-et-St-Paul* und dem ehemaligen *Château des Ducs de Bretagne*.

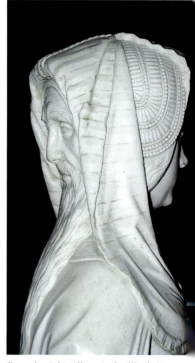

Doppelgesicht: Allegorie der Klugheit am Grabmal von Herzog François II. in der Kathedrale von Nantes

Das Zentrum wird durch den breiten Cours des 50 Otages, Teil eines im Halbkreis um die Altstadt führenden Ringes, in zwei Abschnitte geteilt. Die Allée trennt die östlich gelegene historische Altstadt von den im 18. und 19. Jh. errichteten neueren Stadtvierteln. Die prächtigen Häuser der Kaufleute und Reeder auf der ehemaligen Île Feydeau, die südlich an die Altstadt grenzt, sind eine weitere Attraktion.

Geschichte Nantes verdankt seinen Namen dem keltischen Stamm der Namneten, die um 500 v. Chr. hier am Zusammenfluss von Loire und Erdre die erste Siedlung errichteten. Nach der Eroberung des Landes durch Cäsar wurde die Stadt Verwaltungszentrum der Region und der Loire-abwärts gelegene *portu namnetum* ein wichtiger Hafenstützpunkt. Im 4. Jh. wurde die früh christianisierte Stadt Bistum. Eine erste Kathedrale soll zu dieser Zeit schon bestanden haben. Nach der Eroberung und Zerstörung durch die Normannen im 9. Jh. erlangte Nantes schon im 10. Jh. unter

Herzog Alain Barbe-Torte, der die Normannen erfolgreich und dauerhaft vertreiben konnte, vorübergehend die Stellung der Hauptstadt der Bretagne. Diese wurde ihr jedoch immer wieder von den Grafen von Rennes streitig gemacht. Erst in Folge des *bretonischen Erbfolgekriegs* zwischen den Häusern Montfort und Blois gewann Nantes wieder die führende Rolle, als Jean IV. als Sieger jenen Krieg beendete, Stadt und Château ausbaute und weiter befestigte. In dieser frühen Blütezeit entstand eine erste *Universität*. Unter dem Nachfolger Herzog Jean V. wurde 1434 mit dem Bau der heutigen *Kathedrale* begonnen. Mit dem Namen der aus Nantes stammenden *Anne de Bretagne* ist die Angliederung des Landes an Frankreich verbunden, die Nantes seiner Hauptstadtrolle beraubte; Rennes wurde zum ersten Verwaltungssitz des Herzogtums, das ab 1532 nur noch autonome französische Provinz war. 1499 erlebte die Stadt die Hochzeit zwischen Anne und Ludwig XII., ihrem zweiten Königsgatten. 1598 unterzeichnete *König Heinrich IV.* in Nantes jenes berühmte *Edikt*, das die Religionskriege, die das Land fast 40 Jahre verwüstet hatten, beendete und den Protestanten die Glaubensfreiheit und – an bestimmten gesicherten Orten – die Ausübung ihrer Religion gewährte.

Im 17. Jh. wurde Nantes zu einer der reichsten Hafenstädte Europas. Damals entwickelten die Reeder von Nantes den *Dreieckshandel*, jenen sich auf das *Sklavengeschäft* konzentrierenden Handel zwischen den Küsten Afrikas, Nantes und den Antillen. Billigware wie Schmuck wurde an den afrikanischen Küsten gegen schwarze Menschenware (›Ebenholz‹) getauscht, um dann auf den Karibikinseln wiederum gegen den wertvollen Rohrzucker, aber auch Kakao, Kaffee und Gewürze eingetauscht zu werden. Anfang des 18. Jh. entstanden in Folge des Reichtums neue Stadtteile mit ehrwürdigen Prachtbauten und eleganten Reederhäusern, die noch heute von jener *Blütezeit* der Stadt zeugen.

Während der *Französischen Revolution* war Nantes Schauplatz grausamer Strafmaßnahmen gegenüber königstreuen Aufständischen, die die republikanische Stadt vergeblich belagerten. Im Jahr 1793 wehrte Nantes einen Angriff der revoltierenden Bauern aus der südlich an die Loire grenzenden Vendée ab. Es folgten zahllose Hinrichtungen und unter dem Kommando des berüchtigten *Jean-Baptiste Carrier* Massenertränkungen in

Shoppen und Schauen – die elegante Passage Pommeraye aus dem 19. Jh. in der Neustadt von Nantes fällt durch reich dekorierte Treppenanlagen auf

Département Loire-Atlantique – Nantes

der Loire, die erst durch dessen eigenen Tod auf der Guillotine ihr Ende fanden. Die weitere Entwicklung der Stadt bis heute ist durch wachsende *Industrialisierung* gekennzeichnet. Heute ist Nantes eine moderne dynamische Metropole mit Maschinen- und Schiffbau-, Keks-, Konserven- und Elektronikindustrie, einem bedeutenden Hafen, Sitz mehrerer Hochschulen, eines der modernsten Kongresszentren Frankreichs und einer Börse.

Besichtigung Ein Rundgang durch die Stadt orientiert sich am bedeutendsten Bauwerk von Nantes, der **Cathédrale St-Pierre-et-St-Paul** ❶ am östlichen Rand der Altstadt. In ihren Dimensionen den großen Kathedralen der Île de France vergleichbar beherrscht sie einen quadratischen, harmonisch wirkenden Platz. Trotz der langen Entstehungszeit von 1434 bis ins 19. Jh. präsentiert der Bau sich einheitlich im Stil französischer Spätgotik. Die Fassade mit ihren drei Portalen und die stumpfen Doppeltürme stammen aus dem Ende des 15. Jh., Chor und Gewölbe aus dem 17. Jh. Das harmonische *Innere* von über 100 m Länge, das nach einem Brand 1972 überzeugend renoviert wurde, kommt ganz ohne Schmuckwerk aus und prägt sich dem Betrachter mit einer Gewölbehöhe von 37,5 m insbesondere in seiner steilen Vertikalität ein. Der helle Kalkstein und die Glasfenster verleihen dem Raum einen überaus lichten Charakter. Höhepunkt der Innenausstattung ist das eindrucksvolle marmorne *Grabmal des Herzogs François II. und seiner Frau* im südlichen Querschiff. Es wurde dem bretonischen Renaissancebildhauer Michel Colombe im Auftrag von Anne de Bretagne Anfang des 16. Jh. für ihre Eltern geschaffen. Die beiden Figuren liegen auf einer schwarzen Marmorplatte. An seiner Kette trägt der Herzog das bretonische Herzogwappen. Ein Löwe und ein Windhund liegen beiden zu Füßen, drei Engel halten die Kopfkissen. Die Personifikationen der vier Kardinaltugenden Mäßigung, Kraft, Gerechtigkeit und Klugheit stehen an den Ecken des massiven weißen Marmorsockels.

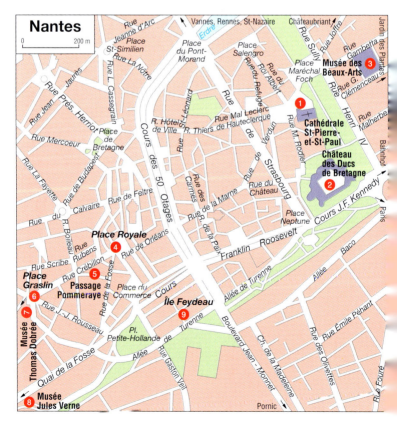

Nantes

Den königlichen Kathedralen nachgeeifert: St-Pierre-et-St-Paul in Nantes zeigt sich trotz der langen Bauzeit ganz im Stil französischer Hochgotik

Vom Vorplatz der Kathedrale führt in südlicher Richtung die Rue Mathelin Rodier zum Herzoglichen Schloss **Château des Ducs de Bretagne** ❷ (tgl. 10–19 Uhr), das noch vom einstigen Burggraben umgeben ist. Eine von zwei Türmen flankierte ehemalige *Zugbrücke* führt von Westen über den teils mit Wasser, teils mit Grünanlagen versehenen Graben in die Anlage, die sich im Innern um einen großen Hof gruppiert. Während das Äußere mit den Festungswällen und Rundtürmen den ursprünglichen fortifikatorischen Charakter bewahrt hat, präsentieren sich die Fassaden des Innenhofs in schmuckvollem Renaissancestil. 1466 ließ Herzog François II. die Burg zu einem repräsentativen Schloss ausbauen. Der Gesamteindruck ist allerdings heute nicht mehr homogen. Der nördliche Teil ist später errichtet worden, an einigen Stellen sind Restaurierungsarbeiten im Gange. Prächtig sind die Hoffassade des *Grand Gouvernement* im Westen und der angrenzende sechsstöckige *Tour de la Couronne d'Or*, ein sehenswertes Stück Renaissancearchitektur bestehend aus einem eckigen Treppenturm und zwei eleganten Loggien. Im Gouverneurstrakt ist heute das **Museé d'Art populaire** (Mi–Mo 10–12, 13.30–17.30 Uhr, Fei geschl.) untergebracht, das eine Sammlung von Trachten, Mobiliar und Fayencen der gesamten Bretagne präsentiert. In den Räumen gleich neben dem Eingang kann man den *Gardesaal* mit seinen großen Kaminen besichtigen. Im Obergeschoss des Gebäudes, das einst Zeughaus war, befindet sich das **Musée des Salorges** (Öffnungszeiten wie Musée d'Art populaire), das Marinemuseum, das der Geschichte der Schifffahrt und des Handels der Region sowie der Entwicklung des Hafens von Nantes gewidmet ist. Die Ausstellung gibt einen vortrefflichen Eindruck von der Blütezeit der Hafenstadt, dem Sklavenhandel und den Schiffen jener Zeit.

Département Loire-Atlantique – Nantes

◁ *Den Eingang zum Château des Ducs de Bretagne flankieren wehrhafte Rundtürme*

regionalen Museen mit Werken insbesondere italienischer und französischer Maler vom 13. Jh. bis zur Gegenwart, darunter Courbet, Tintoretto, Ingres, de la Tour, Watteau und Delacroix. Unter den Modernen ragen Kandinsky, Picasso, Chagall und Delaunay hervor.

Auch die neuere Stadt, die im Süden vom Quai de la Fosse, im Osten von dem Cours des 50 Otages begrenzt ist, lässt sich zu Fuß erforschen. Sie wurde Ende des 18. Jh. angelegt und ist heute eine elegante Geschäfts- und Einkaufsgegend mit vielen Hotels und sehenswerter Architektur. Von der im Krieg zerstörten und anschließend wieder aufgebauten **Place Royale** ❹, in deren Mitte ein granitener Brunnen Nantes und die Loire symbolisiert, führt die elegante Geschäftsstraße Rue Crébillon hangaufwärts. Hier befindet sich links die von einem Glasdach überspannte **Passage Pommeraye** ❺ aus der Mitte des 19. Jh., deren reich dekorierte Treppenanlagen und Galerien zwar schon ein wenig verblasst, aber dennoch sehenswert sind und ein Einkaufserlebnis besonderer Art bieten.

Folgt man der breiten Rue Henry IV. auf der östlichen Seite des Schlosses wieder ein Stück nach Norden, erreicht man rechts in der Rue Georges Clemenceau das **Musée des Beaux-Arts** ❸ (Mo, Mi, Do, Sa 10–18, Di, So, Fei 11–18, Fr 10–21 Uhr), eines der bedeutenderen

Die Rue Crébillon mündet in die **Place Graslin** ❻, die nach einem reichen Grundstücksbesitzer aus dem 18. Jh. benannt ist. Hier gruppieren sich die in einheitlichem Stil gestalteten Rundbauten

Im Musée des Beaux-Arts sind Kunstwerke aus mehreren Jahrhunderten zu bewundern

Nantes

Das Jugendstil-Ambiente ist im Preis inbegriffen: Schlemmen macht in der Brasserie La Cigale besonders Spaß – schon der Dichter Stendhal ließ sich hier verwöhnen

um das klassizistische Theater. Unter den Cafés sticht am Platz die **Brasserie La Cigale** hervor, die mit ihren Spiegeln und Mosaiken ein hinreißend schönes Beispiel dekorativer Jugendstileinrichtung darstellt.

Westlich des Platzes lohnt ein Besuch im Palais Dobrée im gleichnamigen Park. In dieser Stadtvilla ließ einer der reichsten Kaufleute von Nantes im 19. Jh. das **Musée Thomas Dobrée** ❼ (Di–Fr 9.45– 17.30, Sa/So 14.30–17.30 Uhr) einrichten, das wertvolle Kunstgegenstände des Mittelalters und der Renaissance, Waffen sowie eine Sammlung von Stichen und das Reliquiengefäß für das Herz von Anne de Bretagne enthält.

In der Rue de l'Hermitage Nr. 3, kann der literaturhistorisch Interessierte im **Musée Jules Verne** ❽ (Mo, Mi–Sa 10– 12, 14–17, So 14–17 Uhr) den Erinnerungen an den 1828 in Nantes geborenen berühmten Utopisten einen Besuch abstatten.

Auf der ehemaligen, nun durch die Überbauung der Loire an die Neustadt angrenzenden **Île Feydeau** ❾ stehen die Wohnhäuser reicher Reeder aus dem 18. Jh. Besonders die Häuserfronten in der Rue Kervégan bieten auf beiden Seiten das geschlossene Bild schwarz-grauer Pracht: Skulpturengeschmückte Fassaden, überhängende Balkone und schmiedeeiserne Balkongitter. Das zeitweilig düstere und verlassene Viertel hat längst eine Aufwertung erfahren; zahlreiche exquisite Speiselokale haben in den Gebäuden Einzug gehalten.

Praktische Hinweise

Information: Office de Tourisme, 7, rue de Valmy, Tel. 02 40 20 60 00, Fax 02 40 89 11 99, Internet: www.nantes-tourisme.com, www.mairie-nantes.fr

Hotels

*** **Bleu Marine**, Chemin des Marais du Cens, Orvauld, Tel. 02 40 76 84 02, Fax 02 40 76 04 21. Sehr schönes Landhaus außerhalb, 7 km nördlich von Nantes, mit ausgezeichnetem Restaurant

*** **L'Hôtel**, 6, rue Henri IV, Tel. 02 40 29 30 31, Fax 02 40 29 00 95, Internet: www.nanteshotel.com. Hotel garni mit sehr persönlichem Empfang und schönen Zimmern in zentraler Lage unweit des Château. *(TOP TIPP)*

** **Amiral**, 26 bis, rue Scribe, Tel. 02 40 69 20 21, Fax 02 40 73 98 13. Hotel hinter der Oper, sehr zentral.

** **Duchesse Anne**, 3–4, pl. de la Duchesse Anne, Tel. 02 51 86 78 78, Fax 02 40 74 60 20. Zentrales Hotel mit preiswerten Zimmern und einfachem Restaurant.

Bretagne aktuell A bis Z

Vor Reiseantritt

ADAC Info-Service:
Tel. 0 18 05/10 11 12, Fax 30 29 28
(0,12 €/Min.)

ADAC im Internet: www.adac.de

Bretagne im Internet:
www.tourismebretagne.com,
www.maison-de-la-france.com,
www.frankreich-info.de/reisen,
www.franceguide.com

Alle notwendigen Informationen zur
Vorbereitung einer Reise in die Bretagne
sind erhältlich beim Französischen

Fremdenverkehrsamt **Maison de la
France:**

Deutschland
Westendstr. 47, 60325 Frankfurt/Main,
Tel. 01 90/57 00 25, Fax 01 90/59 90 61,
E-Mail: franceinfo@mdlf.de

Österreich
Argentinier Str. 41 a, 1040 Wien,
Tel. 09 00/25 00 15, Fax 01/5 03 28 71

Schweiz
Rennweg 42, 8023 Zürich, Tel.
09 00/90 06 99, Fax 0 12 17 46 17

Allgemeine Informationen

Reisedokumente

Obgleich an der deutsch-französischen
Grenze die Kontrollen abgeschafft worden sind, sollten Deutsche und Österrei-
cher den *Personalausweis* oder *Reise-
pass* bzw. Kinderausweis dabei haben.
Schweizer benötigen die Dokumente auf
jeden Fall.

Kfz-Papiere

Neben Führerschein und Fahrzeugschein
sollte man auch die Internationale Grüne
Versicherungskarte mitnehmen.

Krankenversicherung und Impfungen

Auslandskrankenscheine der Kranken-
kassen berechtigen zur kostenlosen Be-
handlung in öffentlichen französischen
Krankenhäusern und bei Vertragsärzten.
Zusätzlich ist eine **private Auslands-
krankenversicherung** zu empfehlen.

Für **Hund und Katze** wird eine Tollwut-
impfbescheinigung benötigt (mind. 30 Tage, max. 12 Monate alt). Für bestimmte
Kampfhundrassen gilt ein generelles
Einfuhrverbot, andere unterliegen dem
Maulkorbzwang. Auskunft geben die
diplomatischen Vertretungen [s. S. 126].

*Bretonische Lebensart: Tafelfreuden und
Wasserspaß (**oben**), Festtage in traditio-
nellem Gewand (**Mitte**) und kunterbunte
Stöberlust auf Trödelmärkten (**unten**)*

Zollbestimmungen

Reisebedarf für den persönlichen Ge-
brauch darf innerhalb der EU abgaben-
frei eingeführt werden. *Richtmengen* für
den Privatreisenden: 800 Zigaretten, 400
Zigarillos, 200 Zigarren, 1 kg Tabak, 10 l
Spirituosen, 20 l Zwischenerzeugnisse,
90 l Wein (davon max. 60 l Schaumwein),
110 l Bier. Für die *Einfuhr aus Nicht-EU-
Ländern* gelten Höchstgrenzen: 200 Zigaretten, 100 Zigarillos, 50 Zigarren oder
250 g Tabak, 1 l Spirituosen über 22 %
(sonst 2 l) und 2 l Wein, 50 ml Parfüm,
250 ml Eau de Toilette, 500 g Kaffee und
100 g Tee.

Geld

Die gängigen *Kreditkarten* werden in
Banken, Hotels und vielen Geschäften
akzeptiert. An zahlreichen *EC-Geldauto-
maten* kann man mit einer EC-Karte rund
um die Uhr Geld abheben. Auch mit
der Postbank SparCard erhält man an
VISA-PLUS-Automaten rund um die
Uhr Geld.

Tourismusämter im Land

Die örtlichen Office de Tourisme sind im
Haupttext jeweils unter ›Praktische Hinweise‹ genannt.

**Le Comité Régional du Tourisme de
Bretagne**, 1, rue Raoul Ponchon, 35069
Rennes, Tel. 02 99 28 44 30, Fax
02 99 28 44 40, Internet:
www.tourismebretagne.com

Allgemeine Informationen – Anreise

Aktuell A bis Z

Zusätzlich gibt es für die vier bretonischen Départements und das Département Loire-Atlantique überregionale Touristenbüros, die **Comités Départemental de Tourisme**, die über reichhaltiges Informationsmaterial verfügen:

Département Côtes-d'Armor, 29, rue des Promenades, 22046 St-Brieuc, Tel. 02 96 62 72 00, Fax 02 96 33 59 10, Internet: www.cotesdarmor.com

Département Finistère, 11, rue Théodore Le Hars, 29104 Quimper, Tel. 02 98 76 20 70, Fax 02 98 52 19 19, Internet: www.finisteretourisme.com

Département Ille-et-Vilaine, 4, rue Jean Jaurès, 35060 Rennes, Tel. 02 99 78 47 47, Fax 02 99 78 33 24, Internet: www.bretagne35.com

Département Morbihan, allée Nicolas Leblanc, 56010 Vannes, Tel. 02 97 54 06 56, Fax 02 97 42 71 02, Internet: www.morbihan.com

Département Loire-Atlantique, 2, allée Baco, 44005 Nantes, Tel. 02 51 72 95 30, Fax 02 40 20 44 54

Notrufnummern

Polizei, Unfallrettung: Tel. 17, Mobiltel. 112

Feuerwehr: Tel. 18

Krankenwagen (Ambulance): Tel. 15

Bei Autopannen leistet der Französische Pannendienst **AIT-Assistance**, Tel. 08 00 08 92 22 rund um die Uhr Hilfe (auch in deutscher Sprache). Man beachte die *Notrufsäulen* auf den Autobahnen.

ADAC-Notrufstation Frankreich: Tel. 04 72 17 12 22 (rund um die Uhr)

ADAC-Notrufzentrale München: Tel. 00 49/89/ 22 22 22 (rund um die Uhr)

ADAC-Ambulanzdienst München: Tel. 00 49/89/76 76 76 (rund um die Uhr)

Österreichischer Automobil Motorrad und Touring Club
ÖAMTC Schutzbrief-Nothilfe: Tel. 00 43/(0)1/2 51 20 00

Touring Club Schweiz
TCS Zentrale Hilfsstelle: Tel. 00 41/(0)2 24 17 22 20

Diplomatische Vertretungen

Deutsche Botschaft, 13/15 ave. Franklin-D.-Roosevelt, 75008 Paris, Tel. 01 53 83 45 00, Fax 01 43 59 74 18, Internet. www.amb-allemagne.fr

Österreichische Botschaft, 6, rue Fabert, 75007 Paris, Tel. 01 40 63 30 63, Fax 01 45 55 63 65

Schweizer Konsulat, 142, rue de Grenelle, 75007 Paris, Tel. 01 49 55 67 00, Fax 01 49 55 67 67

Besondere Verkehrsbestimmungen

Tempolimits (in km/h): Für Pkw, Motorräder und Wohnmobile im Ortsbereich 50, auf Land- und Gemeindestraßen 90, auf Straßen mit zwei Fahrstreifen 110, auf Autobahnen 130 (bei Nässe jeweils 10 km/h weniger). Wer seinen Führerschein weniger als zwei Jahre besitzt, darf auf Autobahnen höchstens 100 fahren, auf anderen Straßen außerhalb von Ortschaften höchstens 80. Bereits geringe Geschwindigkeitsüberschreitungen werden in Frankreich mit hohen Geldbußen geahndet.

Wohnmobile und *Anhänger* sind bis zu 2,5 m Breite und 12 m Länge zugelassen, Gespanne bis zu 18 m Länge.

Es besteht *Anschnallpflicht*. Bei Regen und Schnee ist für Pkws *Abblendlicht* vorgeschrieben, für Motorräder generell. Der *Kreisverkehr* hat stets Vorfahrt.

Gelbe Streifen am Fahrbahnrand bedeuten *Parkverbot*.

Die **Promillegrenze** liegt bei 0,5.

Anreise

Auto

Umfangreiches **Informations**- und **Kartenmaterial** können Mitglieder des ADAC kostenlos bei den ADAC-Geschäftsstellen oder unter Tel. 0 18 05/ 10 11 12 (0,12 €/Min.) anfordern. Außerdem ist im ADAC Verlag die Länderkarte *Frankreich* (1:800 000), der ADAC Reiseatlas *Frankreich* (1:300 000) sowie das ADAC Reisemagazin *Frankreich – Die Atlantikküste* erschienen.

Die meisten Urlauber wird die Fahrt in die Bretagne über **Paris** führen. Entweder man umfährt die Stadt weiträumig auf dem (verkehrsreichen) südlichen Autobahnring (N 104), oder man wagt sich auf den inneren Ring von Paris, die zu Stoßzeiten ebenfalls überfüllte Périphérique

Sud (ausgeschildert). Von Paris führt die Autobahn A 10, dann A 11 l'Océane über Chartres nach Le Mans und teilt sich dort Richtung Rennes (Paris – Rennes 350 km) und Nantes. Kurz vor Rennes endet die auf französischen Autobahnen allgemein gültige **Mautpflicht**. In der Bretagne selbst sind die autobahnähnlichen zweispurigen Schnellstraßen, die die wichtigsten Städte miteinander verbinden, gebührenfrei.

Wer von Paris an die Maut sparen will, kann über die nördlich der A 11 verlaufende Nationalstraße N 12 über Alençon und Mayenne anreisen. Auf diesem Weg erreicht man als ersten größeren Ort auf bretonischem Gebiet die alte Festungsstadt Fougères 48 km nordöstlich von Rennes. Die **nördliche Route** aus der Normandie führt über die Städte Caen und Avranches auf der gut ausgebauten N 175 zum Mont St-Michel, der unweit der Grenze zur Bretagne noch auf dem Gebiet der Normandie liegt. Eine noch schönere Anreise ist ferner entlang den Ufern der **Loire** über Orléans und Tours nach Nantes möglich.

Bahn

Der Weg in die Bretagne mit der Bahn führt fast unvermeidlich über **Paris**. Reisende aus Norddeutschland, die am Gare du Nord, und Reisende aus Süddeutschland, Österreich oder der Schweiz, die am Gare de l'Est ankommen, müssen mit der Métro (Linie 4) den Bahnhof wechseln. Vom Gare Montparnasse im Süden der Metropole fährt der Hochgeschwindigkeitszug **TGV** in etwas mehr als 2 Std. nach Rennes und erreicht nach weiteren zwei Stunden und Zwischenstopps in St-Brieuc und Morlaix die Hafenstadt Brest am westlichen Ende des Landes. Eine südliche Route führt von Paris nach Nantes und La Baule (Fahrtzeit Paris – Nantes ca. 2 Std.).

Wer auf die verhältnismäßig lange Anreise verzichten (Frankfurt – St-Malo = 1000 km), aber sein Fahrzeug vor Ort zur Verfügung haben möchte, hat in den Sommermonaten die Möglichkeit, seinen Wagen im **Autoreisezug** mitzunehmen.

Fahrplanauskunft:

Deutschland
Deutsche Bahn, Tel. 1 18 61 (persönliche Auskunft, gebührenpflichtig),

Tel. 08 00/1 50 70 90 (sprachgesteuert, kostenlos), Internet: www.bahn.de
Deutsche Bahn AutoZug,
Tel. 0 18 05/24 12 24, Internet: www.autozug.de

Österreich
Österreichische Bundesbahn, Tel. 05 17 17, Internet: www.oebb.at

Schweiz
Schweizerische Bundesbahnen,
Tel. 09 00 30 03 00, Internet: www.sbb.ch

Bus

Von Deutschland werden Busfahrten in die Bretagne angeboten. Auskünfte erteilt u. a. das Maison de la France in Frankfurt [s. S. 125].

Flugzeug

Alle Flugverbindungen von Deutschland, Österreich und der Schweiz in die Bretagne erfordern den Zwischenstopp Paris. Von Paris – Orly bestehen Flugverbindungen nach Brest, Lorient und Quimper, St-Brieuc und Rennes.

Bank, Post, Telefon

Bank

Öffnungszeiten: Mo – Fr 9 – 12, 14 – 16.30 Uhr. Manche Banken haben montags geschlossen.

Post

Die Postämter (PTT) sind in der Regel Mo – Fr 9 – 12 und 14 – 17 oder 18, Sa 9 – 12 Uhr geöffnet. Briefmarken (Timbres) sind auch in Tabakläden (Tabac) erhältlich.

Telefon

Internationale Vorwahlen:
Frankreich 0033
Deutschland 0049
Österreich 0043
Schweiz 0041

Es folgt die Rufnummer **ohne** die Null.

Für die meisten Telefonzellen benötigt man eine **Telefonkarte** (Télecarte), die bei Postämtern und in Tabakläden erhältlich ist.

Die Benutzung handelsüblicher **Mobiltelefone** ist in Frankreich möglich.

Einkaufen – Essen und Trinken

Einkaufen

Die üblichen **Geschäftszeiten** sind Mo–Sa 9–12.30 und 14–19 Uhr, Bäckereien (Boulangeries) haben meist schon ab 7 oder 8 Uhr sowie zusätzlich Sonntag vormittag geöffnet. Teilweise schließen sie dafür am Montag.

Die Einkaufsmöglichkeiten in der Bretagne sind breit gefächert, die größte Auswahl bietet sich in der Metropole Nantes und großen Städten wie Rennes, Vannes, Quimper oder St-Brieuc. Ein breites Angebot verschiedener Waren findet man auch auf den **Märkten** (Marché), die fast jede Ortschaft einmal wöchentlich veranstaltet. In der Regel gibt es dort eine bunte Kombination von Antiquitäten, Kleidern und frischen Lebensmitteln. In den Hafenstädten kann man hier außerdem preiswert fangfrischen Fisch, Krustentiere und Muscheln in reichhaltiger Auswahl einkaufen. Die häufig auf Märkten präsentierten **regionalen Delikatessen** – z. B. Cidre oder Muscadet, das algenähnliche, in Essig eingelegte Salicorne aus den Salzgärten der Nord- und Südküste, Honig oder Spezialitäten aus der Patisserie – eignen sich auch als Mitbringsel für Daheim. **Kunsthandwerkliche Produkte** wie etwa die berühmten Stickereien und gehäkelten Spitzen aus der Bigoudenstadt Pont-l'Abbé oder Fayencen aus Quimper erwirbt man am besten am Ort ihrer Herstellung. Beliebter Treffpunkt für Stöberfreunde sind auch die **Antiquitätenmärkte** (Foires de brocantes), die meist an Wochenenden in einigen Orten stattfinden.

Souvenirs und bretonische Leckereien auf dem Markt von Concarneau

Austern, Cidre und Galettes – Gaumenschmaus auf bretonisch

Die bretonische Küche gilt als eine der besten in Frankreich. Einst eher einfach und ländlich, ist sie heute längst verfeinert. Die Bretagne dürfte, was die Zahl an hochwertigen und zugleich alt und stilvoll eingerichteten Restaurants betrifft, so schnell von keiner anderen Region Frankreichs übertroffen werden. Die Küche zeichnet sich vor allem durch ihre Frische, die hohe Qualität und die großzügige Zutatenverwendung aus.

*Herausragend sind **Fisch** und vor allem **Meeresfrüchte** (Fruits de mer), die in großer Auswahl in den meisten Restaurants angeboten werden. Die herrlichen Platten von Meeresfrüchten – ein Augenschmaus – bieten Garnelen (Crevettes), Kaisergranat (Langoustines), Seeschnecken (Bulots, Bigorneaux), Venusmuscheln (Palourdes) und vor allem Taschenkrebse (Tourteaux oder Crabes) mit ihren ausladenden Scheren.*

*Die Bretagne ist ein Zentrum der **Austernzucht**, vor allem in dem Gebiet rund um Cancale und im Golfe du Morbihan rege betrieben wird. Diese Könige der Schalentiere (Austern = Huîtres) werden meist als Vorspeise, entweder pochiert, gegrillt, überbacken, am häufigsten aber roh, nur mit Zitrone oder mit Essigsoße gegessen. Man unterscheidet hauptsächlich zwei Sorten: die selteneren flachen Huîtres plates und die verbreiteten und preiswerteren Huîtres creuses. Sehr gern gegessen werden ferner **Miesmuscheln** (Moules marinières), die meist in Weißweinsoße, sei es als Vor- oder Hauptspeise, serviert werden.*

Essen und Trinken

Frühstück und Mittagessen

Das Frühstück (Petit déjeuner) besteht in Frankreich noch immer nur aus einer Tasse Kaffee oder Tee, einem Croissant und einem Stück Baguette. Die üppigen Frühstücksbüffets haben sich nur in der

Eine besondere Spezialität ist der **Hummer**, *der entweder à la crème oder, als Homard à l'armoricaine, mit einer scharfen, durch Weißwein veredelten Knoblauch-Cayenne-Pfeffersoße serviert wird; die bretonische* **Fischsuppe** *mit Kartoffeln und Zwiebeln, genannt Cotriade, gehört ebenso wie der* **Butteraal** *(Anguille au beurre) zu den traditionellen bretonischen Mahlzeiten. Die köstlichen, oft allerdings recht teuren* **Jakobsmuscheln** *(Coquilles St-Jacques) gibt es als Vorspeise.*

An **Fleischspeisen** *gelten Lamm und Schwein als gute Wahl. Bretonische Spezialitäten sind die Kaldaunenwurst (Andouillette), Lammkoteletts der Salzwiesenlämmer (Prés-salés) und Hammelkeule (Grigot à la bretonne).*

Die Bretagne ist außerdem die Region, in der das meiste **Gemüse** *des Landes angebaut wird. Artischocken, Blumenkohl, Zwiebeln und Knoblauch sind die verbreitetsten Vitaminlieferanten. Schmackhaft, aber nicht zu weich gekocht, sind sie delikate Zutaten zu Fisch und Fleisch.*

Crêpes *und* **Galettes** *sind das bretonische Nationalgericht schlechthin. Es handelt sich um dünne, gebratene Pfannkuchen aus hellem Weizenmehl oder dunklem Buchweizenmehl, die in den verschiedensten Geschmacksrichtungen serviert werden: süß mit Schokolade und Eis oder Obst oder herzhaft mit Schinken, Käse oder Ei oder auch Meeresfrüchten. Crêpes gibt es erst seit etwa 100 Jahren, seitdem man das teurere Weizenmehl verwendete. Älter, gewissermaßen Brotersatz, sind die Galettes, die ausschließlich mit salzigen Füllungen angeboten werden.*

Der **Nachtisch** *fällt in der Bretagne eher üppig aus. Das traditionelle bretonische Gericht ist ein aus Weizen, Butter und Milch bestehender Eierkuchen (Far), der meist mit Backpflaumen gefüllt*

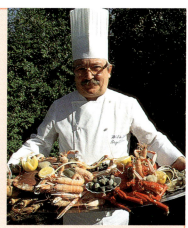

Von Lamm bis Linsen: einst ländlich und einfach, bietet die bretonische Küche heute Spezialitäten ersten Ranges

ist. Daneben werden Galettes du goyen (Waffeln), Mandelgebäck und die Tarte aux pommes (Apfelkuchen) angeboten.

Das bretonische Nationalgetränk ist der **Cidre**, *ein leichter spritziger Apfelwein (2–5% Alkohol), der vor allem in Crêperien getrunken wird. Besonders zu Fischgerichten schmackhaft ist der frische und trockene* **Muscadet** *oder der* **Gros Plant**, *beide aus der Gegend um Nantes. Angeboten werden natürlich auch die anderen französischen Weine. Kategorien sind Vin de pays (einfacher Landwein), Vin délimité de qualité supérieure (VDQS) und Weine mit kontrollierter Herkunftsbezeichnung, Appellation d'Origine Contrôlée (A.C. oder A.O.C.).*

Eine bretonische Spezialität ist der **Erdbeerlikör** *(Liqueur des fraises de Plougastel) und der Honigwein* **Chouchenn**. *Nicht auslassen sollte man als ›digestif‹ den normannischen 50-prozentigen Apfelschnaps* **Calvados**, *oder seine bretonische Variante, den Gnole.*

Spitzenhotels oder den internationalen Hotelketten durchgesetzt. Kaffee gibt es als Café (kleine Tasse schwarzer Kaffee) und als Crème bzw. Grand crème (Kaffee mit Milch). Das bretonische Mittagessen fällt dagegen reicher aus, beschränkt sich aber oft auf nur einen Gang. Im Unterschied zu deutschen Gewohnheiten genießt man das Mittagsmahl erst zwischen 13 und 15 Uhr.

Bars, Cafés und Brasserien

Während Wein meist dem Essen vorbehalten ist, wird in Bars, Cafés und Brasserien zwischen den Mahlzeiten eher Bier bevorzugt. Man bestellt in der Regel un demi und erhält ein kleines (0,3 l) frisch gezapftes Bier (*à la pression*). Als Aperitif wie als Long Drink bieten sich die Anisgetränke Pastis und Anisette an.

Essen und Trinken – Feste und Feiern

Ob Café crème oder ein Glas Bier – für eine Rast ist in Frankreich immer Zeit

Häufig bekommt man in Bars und Cafés auch etwas zu essen. Verbreitet sind ›Sandwiches‹, worunter man in Frankreich ein halbes Baguette versteht, reichlich mit Schinken, Käse, Leberpastete oder Rillette belegt; ein *Croque-monsieur* besteht aus einem mit Schinken und Käse überbackenen Toast.

Restaurants

Das Abendessen (Dîner) wird zwischen 19 und 22.30 Uhr eingenommen. Es besteht meist aus drei bis fünf Gängen. Zum Aperitif kommt ein Appetitanreger (Amuse geule), dann Vorspeise (Hors d'œuvre), Zwischengericht (Deuxième entrée), Hauptgericht (Plat principal), Käse (Fromage) und Nachtisch (Dessert). In der Regel werden in Restaurants mehrere Menüs zu verschiedenen Preisen angeboten. À la carte zu essen kommt hingegen teurer. Weißbrot mit Salzbutter wird grundsätzlich zum Essen serviert. Wird Steak bzw. Filet geordert, sollte man hinzufügen, ob man es saignant (blutig), à point (medium) oder bien cuit (durchgebraten) wünscht. Fast noch üblicher als Käse ist in ganz Frankreich als Dessert ein süßer Nachtisch und zum Abschluss ein Café.

Feste und Feiern

Feiertage

1. Januar: Neujahr (*Jour de l'an*), Ostermontag (*Lundi de pâques*), 1. Mai: Tag der Arbeit (*Fête du travail*), 8. Mai: Tag des Waffenstillstands 1945 (*Armistice*), Christi Himmelfahrt (*Ascension*), 14. Juli: Französischer Nationalfeiertag (*Fête national*), 15. August: Mariä Himmelfahrt (*Assomption*), 1. November: Allerheiligen (*Toussaint*), 11. November: Waffenstillstandstag 1918 (*Armistice*), 25. Dezember: Weihnachten (*Noël*).

Feste

Neben den Volksfesten und Musikfestivals spielen die traditionellen **Pardons** die größte Rolle im kulturellen Leben der Bretonen. Pardons sind Prozessionen zu Ehren der lokalen Heiligen, die in vielen Städten und Gemeinden meist während der Sommermonate stattfinden und sich mittlerweile zu folkloristischen Großveranstaltungen gewandelt haben. Trotzdem ist dabei noch einiges von der Fröm-

Ganz erntefrisch auf den Tisch: Rund um St-Pol-de-Léon werden Artischocken in großem Stil angepflanzt

Feste und Feiern

migkeit und dem Traditionsbewusstsein der Bretonen spürbar. Den Gottesdiensten folgen die Prozessionen, bei denen Kreuze und Banner von den oft in alte Trachten gekleideten Einwohnern durch die Straßen getragen werden.

April
Erquy (2. So im April): Bei der *Fête de la Coquille St-Jacques* lernt man die Jakobsmuschel in den kühnsten Variationen der Kochkunst kennen.

Mai/Juni
Tréguier (3. So im Mai): *Pardon de St-Yves*

St-Herbot (Christi Himmelfahrt): *Pardon der Pferde*

Montcontour (Pfingsten): *Pardon de St-Mathurin*

Rumengol (1. So nach Pfingsten): *Pardon de la Trinité*

Plougastel-Daoulas (2. Wochenende im Juni): Mit Musik, Tanz und allerlei Köstlichkeiten rund um die Erdbeere geht es bei der *Fête des Fraises*

Plouguerneau (letzter So im Juni): *Pardon de St-Pierre-et-St-Paul*

St-Jean-du-Doigt (letzter So im Juni): *Pardon de St-Jean*

Le Faouët (letzter So im Juni): *Pardon de Ste-Barbe*

Juli
Guingamp (1. Wochenende im Juli): *Pardon de Notre-Dame-de-Bon-Secours*

Gourin (Mitte Juli): Der bretonische Pfannkuchen wird bei der *Fête de la Crêpe* mit Musik, Tanz, Spielen und Bergen dieser Leckerei gefeiert.

Locronan (2. So im Juli): *Troménie de Locronan*; alle 6 Jahre findet die Grand Troménie statt, die nächste 2007 [s. S. 85].

Pont-l'Abbé (2. Wochenende im Juli): Bei der *Fête des Brodeuses* feiern die Stickerinnen ihre Handwerkskunst.

Vannes (2. Wochenende im Juli): historisches Fest der *Journée médiévales*

Ste-Anne-d'Auray (25./26.7.): *Grand Pardon de Ste-Anne*

August
Pont-Aven (1. So im Aug.): Beim Ginsterfest *Fête des Fleurs d'Ajonc* ist viel bretonische Folklore geboten.

Douarnenez (Mitte Aug.): Das Windjammertreffen der *Fête des Vieux Gréements* lässt die Herzen der Segelfans höher schlagen.

Perros-Guirec (15.8.): *Pardon de Notre Dame de la Clarté*

Bécherel (15.8.): *Troménie de Haute-Bretagne*

Pont-Croix (15.8.): *Pardon de Notre-Dame-de-Roscudon*

Le Releg (15.8.): *Pardon de Notre-Dame-du-Releg*

Le Faouët (vorletzter So im Aug.): *Pardon de St-Fiacre*

Concarneau (vorletzter So im Aug.): Die *Fête des Filets Bleus* galt einst der Segnung der Fischernetze und zeigt sich heute als Stadtfest mit folkloristischem Ambiente.

Aufgespielt – bei den bretonischen Festen darf Musik nicht fehlen

Feste und Feiern – Klima und Reisezeit – Kultur live

Aktuell A bis Z

September
Le Folgoët (1. So im Sept.): *Grand Pardon de Notre-Dame*

Carnac (2. So im Sept.): *Pardon de St-Cornély*

Josselin (8.9.): *Pardon de Notre-Dame-du-Roncier*

Quistinic (Ende Sept.): Bei der *Fête du Cidre* dreht sich alles um das bretonische Nationalgetränk.

Oktober
Redon (Ende Okt.): Alles riecht nach gebratenen Esskastanien bei der *Fête du Marron*.

Klima und Reisezeit

Das Klima in der Bretagne ist aufgrund des Einflusses des Golfstroms fast das ganze Jahr über mild, vielmehr zeichnet sich das Wetter durch seine Wechselhaftigkeit aus; innerhalb ein und desselben Tages sind mehrmalige Wechsel zwischen Sonne und Schauern keine Seltenheit. Die Südküste ist etwa zwei Grad wärmer und trockener als die Nordküste.

Die günstigste Reisezeit sind die Monate April bis zum Ferienbeginn in Frankreich Anfang Juli und September/Oktober. Im Juni, um die Zeit der Sommersonnenwende kann man das nicht gerade alltägliche Erlebnis genießen, bis 23 Uhr bei Tageslicht im Meer baden zu können.

Klimadaten Brest

Monat	Luft (°C) min./max.	Wasser (°C)	Sonnen- std./Tag	Regen- tage
Januar	4/ 9	10	2	22
Februar	3/ 9	10	3	16
März	5/12	10	5	15
April	6/13	10	7	15
Mai	8/15	12	8	14
Juni	11/18	14	7	13
Juli	12/19	15	7	14
August	12/20	16	7	15
September	11/18	15	5	16
Oktober	9/15	14	4	19
November	6/12	13	2	20
Dezember	4/ 9	11	2	20

Kultur live

Ein nennenswertes traditionelles Angebot auf kulturellem Gebiet liefern vor allem die drei Städte Rennes, Nantes und St-Brieuc. **Rennes** gilt als das kulturelle Zentrum der Bretagne. Die Stadt besitzt ein nicht unbedeutendes *Theater* (Théâtre Municipal), ferner das Théâtre choréographique de Rennes und die Comédie de l'Ouest. Das *Kulturzentrum* (Maison de la culture) veranstaltet Ausstellungen, Vorträge und Konzerte.

Die Schwerpunkte des Kulturlebens von **Nantes** liegen im Museumsbereich. Die Stadt verfügt über 13 Museen; im wichtigsten, dem *Musée des Beaux-Arts*, finden neben den festen, fast das ganze Jahr über wechselnde Ausstellungen statt. Über das Programm des *Théâtre Graslin* an der Place Graslin und die zahlreichen kulturellen Festveranstaltungen in den Sommermonaten informiert das Office de Tourisme.

Mittelpunkt des Kulturlebens in **St-Brieuc** ist das *Centre d'Action Culturelle* (C.A.A.) an der Place de la Résistance, das auch das interessante Theater beherbergt. Hier sind die Aufführungen mehrerer Theaterensembles der Stadt sowie Musik- und Filmaufführungen zu sehen. Die Bretagne ist bekannt für die große Zahl an **Festivals**, die vor allem in den Sommermonaten stattfinden. Daneben gibt es zahlreiche Folkloreveranstaltungen mit Darbietungen bretonischer Volksmusik oder kultureller Besonderheiten der Region; oft sieht man bei diesen Gelegenheiten noch bretonische Trachten.

Juni
In der zweiten Monatshälfte bietet das **Festival de Musique et Danses Folklore** in *Morlaix* traditionelle bretonische Musik- und Tanzveranstaltungen, bei welchen auch die markante Frauentracht des Bigoudenlandes zu bewundern ist.

Juli
Zu Beginn des Monats lockt das Festival **Musiques sur l'île** Musiker, Tänzer, Sänger und Straßenkünstler aus aller Welt nach *Nantes*, wo sie mit ihren kreativen Darbietungen nicht nur das Publikum begeistern, sondern sich gegenseitig inspirieren.

Konkurrenz machen **Les Tombées de la Nuit** in der historischen Altstadt von *Rennes*, die in der ersten Juliwoche eine internationale Besucherschar nahezu rund um die Uhr mit Theater, Pantomime, Tanz und Musik in Atem halten.

Das traditionellste Fest der Bretagne mit Tanzveranstaltungen und Konzerten is

Kultur live – Nachtleben

Brezhoneg – keltische Sprachklänge

*Das **Bretonische** (Brezhoneg) gehört zusammen mit dem Walisischen und Cornisischen zum britannischen Zweig des Keltischen. Zum gälischen Zweig zählen hingegen das Schottische, das Irische und das auf der Isle of Man gesprochene Manx. Die Sprachgrenze der Bretagne Bretonnante, den westlichen Landesteilen, verläuft etwa entlang einer Linie zwischen St-Brieuc und Vannes. Nur im Westen wurde und wird zum Teil noch das Bretonische gesprochen. Noch heute beherrschen trotz jahrhundertelanger Verdrängungen durch das Französische in diesem Gebiet der **Basse-Bretagne** etwa eine halbe Million Menschen diese Sprache. Ortsnamen sind hier wie seit kurzem auch im Osten der Bretagne zweisprachig; in den Schulen ist Bretonisch Wahlfach und an der Universität in Rennes ist ein Lehrstuhl für keltische Sprache eingerichtet.*

*Einige **bretonische Ausdrücke**, auf die man heute noch beim Lesen der Karte oder beim Fahren durch die Landschaft trifft:*

Auch ohne Sprachführer verständlich: Souvenir- und Restaurantwerbung

aber	Flussmündungstrichter
ankou	Tod
argoat	Waldland, Binnenland
armor	Land am Meer
aven	Fluss
beg	Spitze, Landzunge
bihan	klein
bré	Hügel
coat	Wald
gwenn	weiß
hir	lang
kaer	schön
kemper	Zusammenfluss
ker	Dorf, Haus
lan	geweihter Ort, Kloster
loc	Einsiedelei
men	Stein
menez	Berg
noz	Nacht
plou	Pfarrgemeinde
roc'h	Fels
roz	Anhöhe
tol/dol	Tisch (Dolmen)
ty	Haus

das farbenfrohe **Festival de Cornouaille** in *Quimper* [s. S. 82], das eine Woche lang gefeiert wird und am 4. Sonntag im Juli seinen Abschluss findet.

Speziell für Kinder sind **Les Jeudis du Port** in *Brest*, die ›Hafen-Donnerstage‹ im Juli und August. Clowns, Akrobaten, Pantomimen und andere fantasievolle Darsteller verzaubern Mädchen und Jungen auf dem l'Espace Enfants, einem speziellen Platz am Hafen.

August
Das **Festival Interceltique** in *Lorient* in der ersten Monatshälfte ist eine der größten kulturellen Veranstaltungen in der Bretagne, auf der sich auch aus Wales, Schottland, Irland und Galicien die Kelten Europas zusammenfinden. Ein aufwendiges Programm von Konzerten, Tanzveranstaltungen und Ausstellungen lockt alljährlich Hunderttausende Besucher an.

In der dritten Augustwoche erfüllen beim **Festival de la Danse Bretonne** in *Guingamp* typisch bretonische Klänge die Stadt, zeigen Tänzer und Musiker in bunten Trachten ihr Können.

Nachtleben

Da die Bretagne über keine Metropolen im eigentlichen Sinn verfügt, ist das Nachtleben meist nicht gerade Aufsehen erregend. Eine Ausnahme bilden allerdings die Ferienmonate Juli und August, in denen in den touristischen Zentren der Küste ein überwiegend von Jugendlichen bestimmtes Kneipen- und Diskotheken-

Nachtleben – Sport – Statistik

leben herrscht. Hauptorte sind u. a. Carnac, die Presqu'île de Quiberon, Perros-Guirec und Dinard. Außerdem finden sich auf dem flachen Land gelegentlich Musik- und Jazzkneipen, in denen Livemusik gespielt wird.

In den Universitätsstädten **Brest** und **Rennes** konzentriert sich das Nachtleben auf die Lokale und Pubs der Altstadt bzw. das Viertel St-Martin in Brest. In Brest gibt es darüber hinaus einige akzeptable Diskotheken. Relativ viel los, auch über die beiden Hochsommermonate hinaus, ist in der Ville close von **St-Malo**. Die Stadt **Nantes** bietet mit ihren Cafés, Bars und Restaurants im neueren Stadtteil rund um die Place Graslin ein abwechslungsreiches, großstädtisches Ambiente.

Sport

Angeln

Wer sich dieser geruhsamen, in Frankreich verbreiteten Freizeitbeschäftigung widmen möchte, benötigt einen Angelschein für die Ferien (Permis de pêche – Carte vacance), der in jedem Laden für Anglerbedarf (Magazin de pêche) erhältlich ist.

Golf

Golfsport erfreut sich auch in Frankreich ständig wachsender Beliebtheit. Es gibt inzwischen über 30 Golfplätze in der Bretagne.

Info: Ligue de Golf de Bretagne, Parc des Loisirs de Lann-Rohou, St-Urbain, 29800 Landerneau, Tel. 02 98 85 20 30, Fax 02 98 85 19 39

Hausboottouren

Die Flüsse und Kanäle der Bretagne bieten auf mehr als 1600 km Länge die Möglichkeit einer Erkundung des Binnenlandes auch vom Wasser aus. Im Osten verbindet der Ille-et-Rance-Kanal die Kanalküste mit dem Atlantik und führt in Verbindung mit den Flüssen Rance und Vilaine von St-Malo über Dinan, Rennes, Redon bis nach La Roche-Bernard an der Grenze zum Département Loire-Atlantique. Der unter Napoleon I. gebaute Nantes-Brest-Kanal führt teils in kanalisierten Flussbetten von Nantes über Redon, Josselin, Pontivy, den Lac du Guerledan und Châteaulin zur Bucht von Brest; schließlich kann man den Süden zwischen Pon-

tivy und Lorient auf dem Fluss Blavet erkunden. An den Orten, die diese Binnenwege säumen, ist das Chartern von Hausbooten möglich. Auskünfte sind bei den Office de Tourisme erhältlich.

Segeln

Groß geschrieben wird in der Bretagne vor allem der Segelsport. In einer ganzen Reihe von Badeorten bieten Segelschulen preiswerte Kurse für Erwachsene und Kinder an. Eine Liste der Ecoles de Voiles wird alljährlich vom Comité Régional du Tourisme herausgegeben.

Info: Comité Régional du Tourisme de Bretagne, 1, rue Raoul Ponchon, 35069 Rennes, Tel. 02 99 28 44 30, Fax 02 99 28 44 40, Internet: www.tourismebretagne.com

Außerdem besteht die Möglichkeit des Strandsegelns (Char à voile) an den größeren Stränden.

Statistik

Lage: Die Bretagne ragt als Halbinsel im äußersten Nordwesten Frankreichs weit in den Atlantik hinein. Ihre höchsten Erhebungen liegen im zentralen Bergland der Monts d'Arrée (384 m).

Fläche/Bevölkerung: Auf 34 023 km² leben 3,83 Mio. Einwohner (einschließlich Département Loire-Atlantique), das entspricht 6,2 % der Fläche Frankreichs und 6,7 % der Franzosen. Die wichtigsten Städte sind Rennes (250 000 Einw.), Nantes (250 000 Einw.), Brest (200 000 Einw.), Lorient (115 000 Einw.), St-Brieuc (80 000 Einw.), Quimper (65 000 Einw.) und Vannes (45 000 Einw.). Bis auf Rennes liegen sie alle an der Küste oder sind wie Nantes durch die Loire an die Küste angebunden.

Verwaltung: Die Programmregion Bretagne besteht aus den vier Départements Ille-et-Vilaine (Hauptstadt Rennes), Côtes-d'Armor (Hauptstadt St-Brieuc), Finistère (Hauptstadt Quimper) und Morbihan (Hauptstadt Vannes). Historisch und kulturell gehört jedoch auch das Département Loire-Atlantique (Hauptstadt Nantes) der nebenliegenden Region Pays de la Loire zur Bretagne.

Wirtschaft: Das milde ozeanische Klima gestattet in Küstennähe den Anbau von Spezialkulturen (Artischocken, Blumenkohl, Erdbeeren, Saat- und Frühkartoffeln etc.). Hauptzweig der bretonischen *Landwirtschaft* ist jedoch die Viehhaltung (Schweinemast, Milchviehwirtschaft und Geflügelzucht), die die Bretagne inzwischen zur französischen Agrarregion Nr. 1 werden ließ.

Die *Fischerei*, traditionell die wichtigste Erwerbszweig, nimmt an Bedeutung ab, spielt aber im französischen Vergleich immer noch eine gewichtige Rolle. Betrieben werden Hochsee- und Küstenfischerei (Thunfisch, Kabeljau, Sardinen, Krustentiere und Edelfische). Intensiv werden auch Muscheln und Austern gezüchtet und im Nordwesten der Halbinsel Tang gesammelt.

Erheblich bedeutender für die bretonische Wirtschaft ist die *Industrie*, an erster Stelle Nahrungsmittelindustrie, aber auch Fahrzeugbau, Werftindustrie, elektrische und elektronische Industrie. Der *Dienstleistungssektor* beschäftigt die meisten Arbeitskräfte, eine wichtige Rolle spielt hier der *Fremdenverkehr*. Die Region Bretagne ist nach der Provence – Côte d'Azur die Fremdenverkehrsregion Nr. 2 in Frankreich.

Unterkunft

Camping

Camping ist in Frankreich sehr beliebt. Manche der über 800 Campingplätze in der Bretagne sind mit komfortablen und modernen sanitären Einrichtungen versehen und bisweilen sogar mit Freizeit- und Sportmöglichkeiten wie Tennis- und Minigolfplätzen sowie Kinderspielplätzen ausgestattet. Manche bieten darüber hinaus auch Reitmöglichkeiten. Wie die Hotels sind sie in vier Kategorien eingeteilt. Detaillierte Auskunft geben der jährlich erscheinende **ADAC Camping Caravaning Führer, Band Südeuropa** (er ist in Buchform oder als CD-ROM im Buchhandel oder in allen ADAC-Geschäftsstellen erhältlich), ferner der grüne Michelin-Führer ›Camping, Caravaning, France‹ und der ›Guide des Camping‹ des französischen Fremdenverkehrsamtes (zu bestellen bei **Délégation Régional de la Fédération Française de Camping**, 78, rue de Rivoli, 75004 Paris, Tel. 01 42 72 84 08). Auskünfte und einen Campingplatzführer erhält man außerdem bei den lokalen Tourismusbüros.

Ferienhäuser

Vielerorts gibt es auch Ferienhäuser, die wochenweise vermietet werden. Sie sind mit allem ausgestattet, was man zur Selbstversorgung braucht. **Gîtes de France** vermittelt auf dem Land gelegene Ferienwohnungen, in alten renovierten Landhäusern. Auskünfte in der Bretagne erteilen die regionalen Informationszentren, dort gibt es auch eigene Kataloge für die jeweiligen Départements. Zentrale Auskunft und Katalog: Maison de Gîtes de France, 59, rue de St-Lazare, 75439 Paris, Tel. 01 49 70 75 75. Auskunft und Verzeichnisse der von privaten Reisebüros vermittelten Ferienhäuser in der Bretagne sind u. a. erhältlich bei:

Inter Chalet, Postfach 5420, 79021 Freiburg, Tel. 07 61/21 00 77

Ursula Neunkirchen Ferienhäuser, Postfach 42 01 47, 48068 Münster, Tel. 0 25 33/93 13-0

Wolters Reisen, Postfach 1151, 28801 Stuhr/Bremen, Tel. 04 21/8 99 92 90

Hotels

Eine Auswahl von **Hoteladressen** befindet sich bei den Besichtigungspunkten unter der Rubrik ›Praktische Hinweise‹.

Den Reisenden erwartet in der Bretagne eine mehr als ausreichende Zahl guter, meist schön gelegener Hotels und Landgasthäuser, wobei die meisten sich in den von Touristen bevorzugten Seebädern und daher in Küstennähe befinden. Im Juli und August, den Hauptferienmonaten der Franzosen, kann es in den beliebteren Seebädern gelegentlich zu Engpässen kommen. In aller Regel sind aber überall ausreichend Hotels vorhanden. Ein umfangreiches Hotelverzeichnis mit fast 1000 Hotels für die ganze Bretagne ist beim Maison de la France erhältlich [s. S. 125]. Die meisten Hotels gehören in die Zwei- und Drei-Sterne-Kategorie. In den größeren Seebädern und den Großstädten gibt es auch einige Luxushotels mit vier Sternen. Hotels mit dem grünen Schild ›Logis et Auberges de France‹ sind empfehlenswerte, traditionelle Häuser mit meist guter Küche und moderaten Preisen. Die Preise beziehen sich meist auf das Zimmer, gleichgültig ob ein oder zwei Personen darin übernachten. Frühstück ist meist nicht eingeschlossen.

Eine gute Übernachtungsmöglichkeit bieten auch Häuser der **Logis de France**,

Unterkunft – Verkehrsmittel im Land

einem Zusammenschluss familienbetriebener Hotels. Adressen und nähere Auskünfte sind erhältlich bei:

Fédération nationale des Logis de France, 82, ave. d'Italie, 75013 Paris, Tel. 01 45 84 70 00, Internet: www.logis-de-france.fr

Logis de Finistère, 2, rue F. Le Guyader, 29000 Quimper, Tel. 02 98 95 12 31

Logis de Côtes-d'Armor, Hotel de Diane, 22240 Sables-d'Or-les-Pins, Tel. 02 96 41 42 07

Logis d'Ille-et-Vilaine, 74, blvd. de Rochebonne, 35400 St-Malo, Tel. 02 99 56 60 95

Logis de Morbihan, Chambre de Commerce, Service Tourisme, 21, quai des Indes, 56323 Lorient, Tel. 02 97 02 40 85

Logis de Loire-Atlantique, Immeuble Acropole, 2, allée Baco, 44000 Nantes, Tel. 02 51 72 95 30

Jugendherbergen

Die Adressen sind bei den lokalen Fremdenverkehrszentren zu erfahren. Voraussetzung für die Benutzung ist die Mitgliedschaft im Jugendherbergswerk.

Informationen geben die **Fédération Française Unie des Auberges de Jeunesse**, 38, blvd. Raspail, 75007 Paris, Tel. 01 45 48 69 84, oder das **Deutsche Jugendherbergswerk**, Bismarckstr. 8, 32756 Detmold, Tel. 0 52 31/7 40 10, Internet: www.jugendherberge.de.

Schlösser

Besonders reizvoll ist eine Übernachtung in bretonischen **Schlössern** und **Landsitzen**. Auskünfte zu den teilweise noch von den Nachkommen der ursprünglichen Familien bewohnten Schlössern sind erhältlich bei:

Grandes Etapes Françaises, 21, square St-Charles, 75012 Paris, Tel. 01 40 02 99 99, Fax 01 40 02 99 98, Internet: www.grandes-etapes-francaises.com

Châteaux & Hotels de France, 12, rue Amber, 75009 Paris, Tel. 01 40 07 00 20, Fax 01 40 07 00 30, Internet: www.chateauxhotels.com

Relais & Châteaux, 15, rue Galvani, 75017 Paris, Tel. 01 45 72 90 00, Fax 01 45 72 90 30, Internet: www.relaischateaux.fr

Verkehrsmittel im Land

Bahn

Während die Küstenregionen durch Bahnverbindungen gut erschlossen sind, führen in das Landesinnere vor allem Nebenstrecken. Wichtigster Eisenbahnknotenpunkt der Bretagne ist Rennes. Von hier aus sind alle größeren Orte an der Küste leicht erreichbar.

Bus

Im Gegensatz zum Bahnnetz bietet das Busnetz zu fast allen, d. h. auch kleineren Orten eine akzeptable Anbindung. Gare Routière heißen die Busbahnhöfe in den Städten, Arrêt die Haltestellen. Fahrpläne für die jeweilige Region sind in den Tourismusbüros erhältlich. Dennoch ist es sinnvoll, vor Reiseantritt den lokalen Verkehrsplan **Guide Regional des Transport** beim Maison de France [s. S. 125] anzufordern.

Fähre

Dieses Verkehrsmittel ist in der Bretagne mit ihrer ausgedehnten Küste unentbehrlich. Während die Personenbefördung für nahezu alle Inseln regelmäßig funktioniert, erlauben nur wenige Linien den Autotransport. An der Südküste der Bretagne bestehen nur Autofährverbindungen von Quiberon zur Belle-Île und von Lorient zur Île de Groix. Da die Abfahrtszeiten der Fähren häufig auf die Gezeiten Rücksicht nehmen müssen, gibt es nur selten feste Fahrpläne. Auskünfte erteilen die örtlichen Tourismusbüros.

Fahrrad

Besonders die ruhigeren Nebenstraßen empfehlen sich für Radtouren quer durch das Land. An den meisten Bahnhöfen werden Fahrräder vermietet (Train et Velo). Auch auf den bretonischen Inseln können fast überall Fahrräder ausgeliehen werden. Auskünfte über Vermieter erteilen die örtlichen Tourismusbüros.

Mietwagen

Mietwagen der bekannten Verleihfirmen gibt es in den größeren Städten St-Malo, Rennes, Lorient, Brest und St-Brieuc.

Für Mitglieder bietet die ADAC-Autovermietung GmbH günstige Bedingungen. Buchungen über die ADAC-Geschäftsstellen oder unter Tel. 0 18 05/ 31 81 81 (0,12 €/Min.).

Sprachführer

Das Wichtigste in Kürze

Ja/Nein	Oui/Non
Bitte/Danke	S'il vous plaît/Merci
In Ordnung/ Einverstanden.	Très bien./ D'accord.
Entschuldigung!	Pardon!/ Excuse(z)-moi!
Wie bitte?	Comment?/ Vous dites?
Ich verstehe Sie (nicht).	Je (ne) vous comprends (pas).
Ich spreche nur wenig Französisch.	Je ne parle que peu le français.
Können Sie mir bitte helfen?	Pourriez-vous m'aider, s'il vous plaît?
Das gefällt mir (nicht).	Cela (ne) me plaît (pas).
Ich möchte …	Je voudrais …
Haben Sie …?	Avez-vous …?
Gibt es …?	Y a-t-il …?
Wie viel kostet das?	Cela coûte combien?
Kann ich mit Kreditkarte bezahlen?	Puis-je régler avec une carte de crédit?
Wie viel Uhr ist es?	Quelle heure est-il?
Guten Morgen!/ Guten Tag!	Bonjour!
Guten Abend!	Bonsoir!
Gute Nacht!	Bonne nuit!
Hallo!/Tschüs!	Salut!
Mein Name ist …	Je m'appelle …
Wie ist Ihr Name, bitte?	Quel est votre nom, s'il vous plaît?
Wie geht es Ihnen?	Comment allez-vous?
Auf Wiedersehen!	Au revoir!
Bis bald!	A bientôt!
Bis morgen!	A demain!
gestern/heute/ morgen	hier/aujourd'hui/ demain
am Vormittag/ am Nachmittag	le matin/ l'après-midi
am Abend/ in der Nacht	le soir/ la nuit
um 1 Uhr/ 2 Uhr …	à une heure/ à deux heures …
um Viertel vor/ nach …	à … moins le quart/ et quart
um … Uhr 30	à … heure(s) trente
Minute(n)/Stunde(n)	minute(s)/heure(s)
Tag(e)/Woche(n)	jour(s)/semaine(s)
Monat(e)/Jahr(e)	moi(s)/an(s)/année(s)

Zahlen

0	zero	19	dix-neuf
1	un	20	vingt
2	deux	21	vingt-et-un
3	trois	22	vingt-deux
4	quatre	30	trente
5	cinq	40	quarante
6	six	50	cinquante
7	sept	60	soixante
8	huit	70	soixante-dix
9	neuf	80	quatre-vingt
10	dix	90	quatre-vingt-dix
11	onze	100	cent
12	douze	200	deux cents
13	treize	1 000	mille
14	quatorze	2 000	deux mille
15	quinze	10 000	dix mille
16	seize	1000 000	un million
17	dix-sept	$1/2$	un demi
18	dix-huit	$1/4$	un quart

Wochentage

Montag	lundi
Dienstag	mardi
Mittwoch	mercredi
Donnerstag	jeudi
Freitag	vendredi
Samstag	samedi
Sonntag	dimanche

Monate

Januar	janvier
Februar	février
März	mars
April	avril
Mai	mai
Juni	juin
Juli	juillet
August	août
September	septembre
Oktober	octobre
November	novembre
Dezember	décembre

Maße

Kilometer	kilomètre
Meter	mètre
Zentimeter	centimètre
Kilogramm	kilogramme
Pfund	livre
Gramm	gramme
Liter	litre

Sprachführer

Unterwegs

Nord/Süd/West/Ost	nord/sud/ouest/est
oben/unten	en haut/en bas
geöffnet/geschlossen	ouvert/fermé
geradeaus/links/	tout droit/gauche/
rechts/zurück	droite/en arrière
nah/weit	proche/loin
Wie weit ist das?	A quelle distance
	d'ici se trouve-t-il?
Wo sind die Toiletten?	Où sont les toilettes?
Wo ist die (der)	Où se trouve ...
nächste ...	
Telefonzelle/	la cabine télépho-
	nique/
Bank/	la banque/
Post/	le bureau de poste/
Polizei/	la station de police/
Geldautomat?	le distributeur
	de billets
	la/le plus proche?
Wo ist ...	Où se trouve ...
der Bahnhof/	la gare/
die U-Bahn/	le métro/
der Flughafen?	l'aéroport?
Wo finde ich ...	Où se trouve ...
eine Bäckerei/	une boulangerie/
ein Fotogeschäft/	un magasin
	photographiques/
ein Kaufhaus/	un grand magasin/
ein Lebensmittel-	une épicerie/
geschäft/	
einen Markt?	un marché?
Ist das der Weg/	Est-ce que le chemin/
die Straße nach ...?	la route/la rue
	pour ...?
Gibt es einen	Y a-t-il un
anderen Weg?	autre chemin?
Ich möchte mit dem	Je voudrais prendre
Zug/Schiff/	le train/le bateau/
Fähre/Flugzeug	le ferry-boat/l'avion
nach ... fahren.	pour ...
Ist der Preis für	Est-ce que le prix
Hin- und Rückfahrt?	aller-retour?
Wie lange gilt	Pour combien de temps
das Ticket?	le ticket sera valide?
Wo ist das ...	Où se trouve ...
Fremden-	l'Office du Tourisme/
verkehrsamt/	
Reisebüro?	l'agence de voyages?
Man hat mir ...	On m'a volé ...
Geld/	de l'argent/
meine Tasche/	mon sac/
meine Papiere/	mes papiers/
die Schlüssel/	les clés/
meinen Fotoapparat/	mon appareil photo/
meinen Koffer/	ma valise/
mein Fahrrad	ma bicyclette.
gestohlen.	

Ich möchte eine	Je voudrais déposer
Anzeige erstatten.	une plainte.
Ich habe meinen	J'ai perdu ma valise.
Koffer verloren.	
Wo kann ich mein	Où puis-je laisser
Gepäck lassen?	mes bagages?
Ich benötige eine	J'ai besoin
Hotelunterkunft.	d'un hôtel.

Freizeit

Ich möchte ein ...	Je voudrais louer ...
Fahrrad/	une bicyclette/
Motorrad/	une moto/
Surfbrett/	une planche à voile/
Mountainbike/Boot/	un v.t.t./un bateau/
Pferd mieten.	un cheval.
Gibt es ein(en) ...	Y a-t-il ...
Freizeitpark/	un parc
	d'attractions/
Freibad/	une piscine/
Golfplatz/	un terrain de golf/
Strand in der Nähe?	une plage près
	d'ici?
Wann hat ...	Quelles sont les
geöffnet?	horaires
	d'ouverture ...?

Bank, Post, Telefon

Brauchen Sie	Avez-vous besoin de
meinen Ausweis?	ma carte d'identité?
Wo soll ich	Où dois-je
unterschreiben?	signer?

Hinweise zur Aussprache

ai	wie ›ä‹, Bsp.: lait
au	wie ›o‹, Bsp.: auto, gauche
eu	wie ›ö‹, Bsp.: peu, deux
ou	wie ›u‹, Bsp.: rouge
ue	wie ›ü‹, Bsp.: rue, avenue
c	vor ›e‹ und ›i‹ wie ›s‹,
	Bsp.: ce, cide
c	vor ›a‹ und ›o‹ wie ›k‹,
	Bsp.: cabinet, compagnie
ch	wie ›sch‹ Bsp.: chips
h	am Wortanfang ist immer stumm,
	Bsp.: hommage
g	vor ›e‹ und ›i‹ wie ›dsch‹,
	Bsp.: gentile, gilet
gn	wie ›nj‹, Bsp.: cognac, agneau
p, s, t	sind am Wortende meist stumm,
	Bsp.: trop, très, mot
-tion	bei dieser Silbe ›t‹ wie ›s‹,
	Bsp.: nation
q, qu	wie ›k‹, Bsp.: coq, qui
v	wie ›w‹, Bsp.: vie
z	wie ›s‹, Bsp.: zéro

138

Ich möchte eine Telefonverbindung nach …	Je voudrais une communication avec …
Wie lautet die Vorwahl für …?	Quel est le préfixe pour …?
Wo gibt es … Münzen für den Fernsprecher/ Telefonkarten/ Briefmarken?	Où peut-on trouver … des jetons/ des cartes téléphoniques/ des timbres?

Tankstelle

Wo ist die nächste Tankstelle?	Où est-ce que la station d'essence la plus proche?
Ich möchte … Liter … Super/Diesel bleifrei/ mit … Oktan.	Je voudrais … litres … de super/gasoil sans plomb/ à … octane.
Volltanken, bitte.	Faites le plein, s'il vous plaît.
Prüfen Sie bitte …	Vérifiez, s'il vous plaît, …
den Reifendruck/	la pression de gonflage/
den Ölstand/	le niveau d'huile/
den Wasserstand/ das Wasser für die Scheibenwischanlage/ die Batterie.	le niveau d'eau/ l'eau pour le système essuieglaces/ la batterie.
Würden Sie bitte …	Pourriez-vous, s'il vous plaît, …
den Ölwechsel vornehmen/	faire la vidange d'huile/
den Radwechsel vornehmen/	effectuer le changement de roue(s)/
die Sicherung austauschen/	échanger le fusible/
die Zündkerzen erneuern/	échanger les bougies/
die Zündung nachstellen?	régler l'allumage?

Panne

Ich habe eine Panne.	Je suis en panne.
Der Motor startet nicht.	Le moteur ne démarre pas.
Ich habe die Schlüssel im Wagen gelassen.	J'ai laissé les clés dans la voiture.
Ich habe kein Benzin/Diesel.	Je n'ai plus d'essence/de gazole.
Gibt es hier in der Nähe eine Werkstatt?	Est-ce qu'il y a un garage près d'ici?
Können Sie mein Auto abschleppen?	Pourriez-vous remorquer ma voiture?
Können Sie mir einen Abschleppwagen schicken?	Est-ce que vous pouvez m'envoyer une dépanneuse?

Können Sie den Wagen reparieren?	Pouvez-vous réparer la voiture?
Wann wird er fertig sein?	Quand sera-t-elle prête?

Mietwagen

Ich möchte ein Auto mieten.	Je voudrais louer une voiture.
Was kostet die Miete …	Combien coûte la location …
pro Tag/ pro Woche/	par jour/ par semaine/
mit unbegrenzter km-Zahl/	avec kilométrage illimité/
mit Kasko-versicherung/	avec assurance tous risques/
mit Kaution?	avec la caution?
Wo kann ich den Wagen zurückgeben?	Où puis-je rendre le véhicule?

Unfall

Hilfe!	Au secours!
Achtung!/Vorsicht!	Attention!
Bitte rufen Sie schnell … einen Krankenwagen/ die Polizei/ die Feuerwehr.	S'il vous plaît, appelez vite … une ambulance/ la police/ les sapeurs-pompiers.
Es ist (nicht) meine Schuld.	C'est (ce n'est pas) de ma faute.
Geben Sie mir bitte Ihren Namen und Ihre Adresse.	Veuillez me donner votre nom et adresse, s'il vous plaît.
Ich brauche die Angaben zu Ihrer Autoversicherung.	J'aurais besoin des données de votre assurance automobile.

Krankheit

Können Sie mir einen guten Deutsch sprechenden Arzt/ Zahnarzt empfehlen?	Pourriez-vous me conseiller un bon médecin/ dentiste qui parle allemand?
Wann hat er Sprechstunde?	Quelles sont les heures de consultation?
Wo ist die nächste Apotheke?	Où est-ce que la pharmacie la plus proche?
Ich brauche ein Mittel gegen …	J'aurais besoin d'un médicament contre …
Durchfall/ Fieber/ Insektenstiche/	la diarrhée/ la fièvre/ les piqûres d'insecte/

Sprachführer

Sprachführer

Verstopfung/	la constipation/
Zahnschmerzen.	le mal de dents.

Im Hotel

Ich habe bei Ihnen ein Zimmer reserviert.	J'ai réservé une chambre chez vous.
Haben Sie ein …	Auriez-vous …
Einzel-/	une chambre à un lit/une
Doppelzimmer …	chambre à deux lits …
mit Dusche/	avec douche/
mit Bad/WC	avec salle de bains/WC
für eine Nacht/	pour une nuit/
für eine Woche	pour une semaine/
mit Blick aufs Meer?	avec vue sur la mer?
Was kostet das Zimmer …	Combien coûte la chambre …
mit Frühstück/	avec petit-déjeuner/
mit Halbpension/	avec demi-pension/
mit Vollpension?	avec pension compléte?
Wie lange gibt es Frühstück?	Jusqu'à quelle heure peut-on prendre le petit-déjeuner?
Ich möchte um … Uhr geweckt werden.	Je voudrais qu'on me réveille à … heure(s).
Ich reise heute Abend/ morgen früh ab.	Je pars ce soir/ demain matin.
Haben Sie ein Fax/ einen Hotelsafe?	Avez-vous un fax/ un coffre-fort?

Im Restaurant

Wo gibt es ein gutes/günstiges Restaurant?	Pourriez-vous m'indi-quer un bon restau-rant/un restaurant pas trop cher?
Die Speisekarte/ Getränkekarte, bitte.	Je voudrais la carte/ la carte des boissons, s'il vous plaît.
Ich möchte das Tages-gericht/Menü (zu…)	Je voudrais le plat du jour/le menu (à …).
Welches Gericht können Sie beson-ders empfehlen?	Quel plat pourriez-vous recommander particulièrement?
Ich möchte nur eine Kleinigkeit essen.	Je ne voudrais manger qu'un petit quelque chose.
Haben Sie vege-tarische Gerichte?	Avez-vous des plats végétariens?
Können Sie mir bitte …	Pourriez-vous m'apporter …
ein Messer/	un couteau/
eine Gabel/	une fourchette/
einen Löffel bringen?	une cuillère, s'il vous plaît?

Darf man hier rauchen?	Peut-on fumer ici?
Die Rechnung bitte!	L'addition, s'il vous plaît!

Essen und Trinken

Abendessen	dîner
Apfel	pomme
Artischocke	artichaut
Austern	huîtres
Bier	bière
Brot/Brötchen	pain/petit pain
Butter	beurre
Ei	œuf
Eiscreme	glace
Erdbeeren	fraises
Essig	vinaigre
Fisch	poisson
Flasche	bouteille
Fleisch	viande
Fruchtsaft	jus de fruits
Frühstück	petit-déjeuner
Gemüse	légume
Glas	verre
Hammelfleisch	mouton
Himbeeren	framboises
Hummer	homard
Joghurt	yaourt
Kaffee mit Milch	café au lait
Kalbfleisch	veau
Kartoffeln	pommes de terre
Käse	fromage
Krabben, Garnelen	crevettes
Kuchen	gâteau
Lammfleisch	agneau
Leberpastete	pâté de foie
Meeresfrüchte	fruits de mer
Milch	lait
Mineralwasser (mit/ ohne Kohlensäure)	l'eau minérale (gazeuse/ non gazeuse)
Mittagessen	déjeuner
Nudeln	nouilles, pâtes
Obst	fruits
Öl	huile
Pfeffer	poivre
Pfirsiche	pêches
Reis	riz
Rindfleisch	bœuf
Salz	sel
Schinken	jambon
Schweinefleisch	porc
Suppe	soupe
Tomaten	tomates
Wein (Weiß-/Rot-/Rosé-)	vin (blanc/rouge/rosé
Zucker	sucre
Zwiebeln	oignons

Register

—A—

Abbaye de Beauport 48 f.
Abbaye de Landévennec
65, **74 f.**
Aber Benoît 72
Aber Ildut 72
Aber Wrac'h 72
Alain Barbe-Torte, Herzog
der Bretagne 13, 119
Alignements 12, 97, 98
Anne de Bretagne,
Herzogin der Bretagne 14,
119
Argoat 6, **107–115**
Armor 6, 107
Armorika 6, 12
Artus, König 108, **114**, 115
Aubert, Bischof 29 f.
Audierne 87 ff.
Austernzucht 29
Avalon, Insel 114

—B—

Baie des Trépassés 89
Balzac, Honoré de 15, 24
Bécherel 132
Bel Air 46
Belle-Île 98 ff., 136
Bernard, Emile 96
Bigoudenland 79, 90f.
Binic 47
Bodilis 62
Botrel, Théodore 95 f.
Boudin, Eugène 76
Brehec 47
Brest 15, **69–72**, 127, 133, 134, 136
Brioc, hl. 12
Brocéliande 115
Brosse, Salomon de 23

—C—

Cadoudal 15
Calvaires 8 f., 14, **57**, 58, 59 ff., 64, 90
Camaret-sur-Mer 76
Campénéac 115
Cancale **29**, 128
Cap de la Chèvre 76
Cap d'Erquy 36, **44**
Cap Fréhel 36, **43 ff.**

Cap Sizun 79, 87, **89**
Caradeuc, Château de 36
Carnac 12, 15, 92, **96 ff.**, 132, 134
Carrier, Jean-Baptiste 119
Cartier, Jacques 34
Cäsar, Julius 102, 105, 108
Chapelle de Kerfons 9, 47, **54**
Château de Bienassis 44
Château de Comper 115
Château de Roche-Jagu 52
Château de Suscinio 10, 16, **106**
Château des Rochers-Sévigné 20
Château de Trécesson 115
Château Kerjean 69
Chateaubriand, François
René de 15, 26, **27,** 34, 35
Châteaubriant 18
Châteaulin 134
Chouans 15, 24 f.
Clisson, Olivier de 13, 112
Colbert, Jean Baptist 15, 21
Coligny, Paul de 19
Colombe, Michel 120
Combourg 11, 15, **26**
Commana 61
Conan IV., Herzog der
Bretagne 24
Concarneau 92 ff., 131
Corentin, hl. 12, 79
Cornelius, hl. 98
Cornouaille 12, 79, 90
Côte d'Émeraude 6, 36
Côte de Granit Rose 6, **53 f.**
Côte des Abers 65, **72 f.**
Côte des Légendes 6
Côtes-d'Armor 36–54, 134
Crozon 75

—D—

Daoulas 74
Denis, Maurice 96
Dinan 7, 10, 11, **36–40**, 134
Dinard 36, **40 ff.**, 134
Dol-de-Bretagne 10, 12, **26 ff.**
Dolmen 8, 12, 100 f.
Douarnenez 85 ff., 131
Dugay-Trouin, Korsar 33

—E—

Enclos Paroissiaux 8 f., **55–64**
Erispoë, König der
Bretagne 13
Erquy 44, 131
Etables-sur-Mer 47

—F—

Festival de Cornouaille **82**, 134
Festival Interceltique 134
Finistère 6, 65–91, 92, 134
Flaubert, Gustave 15
Fontaine de Barenton 115
Forêt de Paimpont 107, **115**
Fort La Latte 43
Fougères 10, 13, 18, **23 ff.**, 127
François II., Herzog der
Bretagne 14, 106, 112, 120

—G—

Gabriel, Jacques 22
Gauguin, Paul 15, 94, 95, 96
Gezeitenkraftwerk 35
Golfe du Morbihan 12, **105**, 128
Gourin 131
Gradlon, König 12, 75, 79
Grande Brière 116
Guérande 116 f.
Guesclin, Bertrand du 13, 37, **39**, 112
Guimiliau 59 ff.
Guingamp 47 f., 131, 133

—H—

Heinrich IV. 14 f., 119
Huelgoat 107 f.
Hugo, Victor 24

—I—

Île d'Ouessant 73 f.
Île de Bréhat 49
Île de Fédrun 116, 133
Île de Groix 136
Île Gavrinis 105 f.
Île de Sein 88
Ille-et-Vilaine 18–35, 134

Register

—J—

Jean II., Herzog der Bretagne 112
Jean III., Herzog der Bretagne 13
Jean IV., Herzog der Bretagne 14, 68, 119
Jean V., Herzog der Bretagne 14, 34, 44, 51, 119
Josselin 11, **111–115**, 132, 134

—K—

Karl der Große 12
Karl der Kahle 13
Karl VIII. 14, 21
Kerhinet 116
Kermaria-an-Iskuit 9, 47, **48**
Kernascléden 9, 14, **110 f.**

—L—

La Baule 116, **117 f.**, 127
La Martyre 64
La Roche-Bernard 134
La Roche-Maurice 62 ff.
Lac du Guerledan 134
Lamballe 36, **45 f.**
Lampaul-Guimiliau 61
Landerneau 57
Lanildut 72
Lanzelot 115
Le Braz, Anatole 52
Le Conquet 72
Le Faouët 108 ff., 131
Le Folgoët 10, 14, **68 f.**, 132
Le Mettrie 35
Le Releg 107, 131
Le Val-André 36, **44**
Locmariaquer 100 f.
Locronan 10, 79, **83 ff.**, 132
Loctudy 10, 79, **91**
Loire-Atlantique 116–123, 134
Lorient 15, 127, 133, 134, 136
Loti, Pierre 49
Ludwig VI. 13
Ludwig XI. 31
Ludwig XII. 14, 119
Ludwig XIV. 15
Ludwig der Fromme 13

—M—

Maclou, hl. 12, 33
Manoir de Kergrec'h 53
Maria Stuart 66
Mathurin, hl. 46
Mauclerc, Pierre 13
Maupertius 35
Megalithkultur 7 f., 12, 92, 96, 100, 105
Méhuet, Mathurin 45
Ménez Hom 78
Menhir de Champ-Dolent 28
Menhire 8, 12, 76, 96, 97, 98, 100
Merlin 114, 115
Moncontour 36, **46**, 131
Mont St-Michel 10, 18, **29–32**, 127
Mont-Dol 28
Montagne St-Michel 107
Montagnes Noires 78
Monts d'Arrée 107, 134
Morbihan 92, 134
Morgane 115
Morgat 75 f.
Morlaix 7, 11, **55 f.**, 57, 127, 132
Morvan 13
Muschelzucht 29

—N—

Namneten 118
Nantes 10, 13, 14, 116, **118–123**, 127, 132, 134
Brasserie La Cigale 123
Cathédrale St-Pierre-et-St-Paul 120
Château des Ducs de Bretagne 121
Île Feydeau 123
Musée d'Art populaire 121
Musée des Beaux-Arts 122
Musée Jules Verne 123
Musée Salorges 121
Musée Thomas Dobrée 123
Passage Pommeraye 122
Place Graslin 122 f.
Place Royale 122
Napoleon I. 15
Nominoë, Herzog der Bretagne 13, 26, 102

Notre-Dame-de-la-Clarté 53
Notre-Dame-de-Tronoën 79, **89 f.**

—O—

Odet-Tal *siehe* Vallée de l'Odet

—P—

Paimpol 49
Paimpont 115
Parc Naturel Régional d'Armorique 74
Pardons 47, 68, 109, 132 f.
Passage du Fromveur 73
Patern, hl. 12
Paul Aurélien, hl. 12, 65, 66
Pays de la Loire 116, 134
Pencran 64
Perros-Guirec 47, **53**, 131, 134
Philipp August 30
Pleyben 78
Ploudiry 64
Plougastel-Daoulas 72, 131
Plouguerneau 131
Ploumanac'h 54
Pointe de l'Arcouest 49
Pointe de Pen-Hir 76
Pointe de Penmarch 92
Pointe de St-Mathieu 73
Pointe des Espagnols 76
Pointe du Raz 79, 87, **88**
Pointe du Van 88
Pol, hl. 44
Pont de l'Iroise 72
Pont-Aven 92, **94 ff.**, 131
Pont-Croix 10, 79, **87**, 131
Pont-l'Abbé 90 f., 128, 131
Pontivy 134
Portsall 15, 72
Presqu'île de Crozon 65, **74–78**
Presqu'île de Quiberon **98 ff.**, 134, 136
Presqu'île de Sizun 79

—Q—

Quimper 10, 11, 12, **79–83**, 127, 128, 133, 134
Quimperlé 10, **96**
Quistinic 132

— R —

Rance 35
Redon 13, 132, 134
Redonen 21
Renan, Ernest 51, 52
Rennes 15, 18, **21 ff.**, 127, 132, 134
Richelieu, Kardinal 44, 46, 47, 112
Roc Trévezel 107
Rohan, Familie 111 ff.
Ronan, hl. 83, 85
Roscoff 66 ff.
Rouërie, Marquis de la 15
Rumengol 131

— S —

Sables-d'Or-les-Pins 44
Saillé 117
Salzlämmer 29
Samson, hl. 12, 26
Schule von Pont-Aven 23, 81, 96
Sentier des Douaniers 53 f.
Sérusier, Paul 96
Sévigné, Marquise von 20
Sizun 61
Smaragdküste *siehe* Côte d'Émeraude
St-Briac 42
St-Brieuc 12, 127, 132, 134, 136

St-Cast-le-Guildo 42 f.
St-Gonéry 52 f.
St-Herbot 108, 131
St-Jean-du-Doigt 131
St-Lunaire 42
St-Malo 10, 12, 15, 18, **32– 35**, 134, 136
St-Nazaire 15, 118
St-Pol-de-Léon 12, 14, **65 f.**
St-Quay-Portrieux 47
St-Thégonnec 58
Ste-Anne-d'Auray 131
Steinreihen *siehe* Alignements
Stendhal 15
Suscinio *siehe* Château de Suscinio

— T —

Trégastel 54
Tréguier 10, 12, 47, **49– 52**, 131
Tréhorenteuc 115
Troménie von Locronan 85
Tronoën *siehe* Notre-Dame-de-Tronoën
Tugdual, hl. 12, 49, 51

— U —

Umfriedete Pfarrbezirke *siehe* Enclos Paroissiaux

— V —

Val sans retour 115
Vallée de l'Odet 82 f.
Vannes 7, 11, 12, 92, **101– 106**, 131, 134
  Aquarium océanographique 105
  Château Gaillard 102
  Cathédrale St-Pierre 104
  La Cohue 104
  Maison de Vannes 102
  Musée Archéologique 102
  Musée de la Cohue 104
  Place des Lices 102
  Place Gambetta 102
  Place Henri IV. 102 f.
  Porte Prison 104
  Porte St-Vincent 102
  Vieux Lavoirs 104
Vauban 33, 66, 71, 76, 92, 100
Verne, Jules 123
Veneter 12, 102, 105
Villéon, Emmanuel de la 25
Vilaine 21
Vincent Ferrier, hl. 104
Vitré 10, 11, 13. **18 ff.**
Viviane 115

— Y —

Yves, hl. 51, **52**

Bildnachweis

Franz Marc Frei, München: 11 Mitte, 18/19, 21, 37, 43, 70, 83, 84, 86, 105, 112/113, 131 – *Friedrich Gier, Bonn*: 5 links, 6/7, 7 oben rechts, 9 (2), 11, 22, 30, 44, 50, 73, 75, 77 unten, 80, 97, 104 (2), 114, 119, 123, 129, 130 unten – *Bildagentur Huber, Garmisch-Partenkirchen*: 16/17 (Giovanni) – *Laif, Köln*: 90, 93 oben (Manfred Linke) – *Look, München*: 8 oben (Florian Werner), 12 (Christian Heeb), 13 oben (Karl-Heinz Raach), 24/25 (Heeb), 41 unten (Werner), 51 (Heeb), 54, 55 (Werner), 56, 58/59, 99 oben, 99 unten (Heeb), 133 Werner) *Karin Lucke-Huss, Wiggensbach*: 8 unten, 20 (2), 26, 27, 60, 62, 63, 65, 66/67, 67, 71, 78, 89, 91, 94 unten, 99 Mitte, 109 (2), 110, 111, 117 (2), 118, 122 (2) – *Franz M. Mehling, München*: 28, 45, 87 – *Werner Richner, Saarlouis*: 49 oben – *Gregor M. Schmid, Gilching*: 74 – *Schreyer-Löbl, Ellbach/Bad Tölz*: 3 oben – *Hubert Stadler, Fürstenfeldbruck*: 5 rechts, 6, 23, 33, 34 unten, 38/39, 42, 48, 53, 68, 81, 82, 98, 128, 130 oben – *Bildarchiv Steffens, Mainz*: 7 oben links (Hans Schwarz), 77 oben (Ralph Rainer Steffens) – *Süddeutscher Verlag, Bilderdienst, München*: 14 unten, 15 – *Martin Thomas , Aachen*: 10 oben, 29, 31, 34 oben, 40/41, 49 unten, 57, 59, 69, 92, 93 unten, 94 oben, 95 oben, 101, 103, 106, 108, 112, 121, 124 (4) – *Verlagsarchiv*: 10 unten, 13 unten, 76, 95 unten – *Hugo Walser, Fürth*: 88

In der ADAC-Reiseführer-Reihe sind erschienen:

Ägypten	Marokko
Algarve	Mauritius
Amsterdam	und Rodrigues
Andalusien	Mecklenburg-
Australien	Vorpommern
Bali und Lombok	Mexiko
Barcelona	München
Berlin	Neuengland
Bodensee	Neuseeland
Brandenburg	New York
Brasilien	Niederlande
Bretagne	Norwegen
Budapest	Oberbayern
Burgund	Österreich
Costa Brava und	Paris
Costa Daurada	Peloponnes
Côte d'Azur	Piemont, Lombardei,
Dalmatien	Valle d'Aosta
Dänemark	Portugal
Dominikanische Republik	Prag
Dresden	Provence
Elsass	Rhodos
Emilia Romagna	Rom
Florenz	Rügen, Hiddensee,
Florida	Stralsund
Französische	Salzburg
Atlantikküste	Sardinien
Fuerteventura	Schleswig-Holstein
Gardasee	Schottland
Golf von Neapel	Schwarzwald
Gran Canaria	Schweden
Hamburg	Schweiz
Hongkong und Macau	Sizilien
Ibiza und Formentera	Spanien
Irland	St. Petersburg
Israel	Südafrika
Istrien und Kvarner Golf	Südengland
Italienische Adria	Südtirol
Italienische Riviera	Teneriffa
Jamaika	Tessin
Kalifornien	Thailand
Kanada – Der Osten	Toskana
Kanada – Der Westen	Tunesien
Karibik	Türkei-Südküste
Kenia	Türkei-Westküste
Kreta	Umbrien
Kuba	Ungarn
Kykladen	USA-Südstaaten
Lanzarote	USA-Südwest
London	Venedig
Madeira	Venetien und Friaul
Mallorca	Wien
Malta	Zypern

Weitere Titel in Vorbereitung

Impressum

Umschlag-Vorderseite: Grandiose Felsküste und herrliche Ausblicke: an der Côte de Granit Rose bei Ploumanac'h
Foto: Silvestris, Kastl (Manfred Ramstetter)

Titelseite: Ein Platz an der Sonne: Straßencafé in der Altstadt von Rennes
Foto: Friedrich Gier, Bonn

Abbildungen: siehe Bildnachweis S. 143

Lektorat und Bildredaktion:
Karin Lucke-Huss
Aktualisierung: Irene Unterriker
Gestaltung, Satz und Layout:
Norbert Dinkel, München
Karten: Huber Kartographie, München
Reproduktion: eurocrom 4, Villorba/Italien
Satz: Filmsatz Schröter GmbH, München
Druck, Bindung: Ebner & Spiegel, Ulm
Printed in Germany

ISBN 3-87003-639-7

Gedruckt auf chlorfrei gebleichtem Papier

4., neu bearbeitete Auflage 2003
© ADAC Verlag GmbH, München

Redaktion ADAC-Reiseführer:
ADAC Verlag GmbH, 81365 München,
E-Mail: verlag@adac.de

Das Werk einschließlich aller seiner Teile ist urheberrechtlich geschützt.
Jede Verwendung ist ohne Zustimmung des Verlags unzulässig und strafbar.
Das gilt insbesondere für Vervielfältigungen, Übersetzungen, Mikroverfilmungen und die Verarbeitung in elektronischen Systemen.
Die Daten und Fakten für dieses Werk wurden mit äußerster Sorgfalt recherchiert und geprüft. Da vor allem touristische Informationen häufig Veränderungen unterworfen sind, kann für die Richtigkeit der Angaben leider keine Gewähr übernommen werden. Die Redaktion ist für Hinweise und Verbesserungsvorschläge dankbar.